DU MÊME AUTEUR

Romans

LE RÉPIT (Albin Michel, 1945)

MON ROYAUME POUR UN CHEVAL (Albin Michel, 1949)

LES NOMADES (Albin Michel, 1951)

LE SERVITEUR FIDÈLE (Albin Michel, 1953)

LA PRISON MARITIME, *grand prix du roman de l'Académie française* (NRF, 1961)

LA CAMPAGNE D'ITALIE (NRF, 1965)

L'OURS DES ADIRONDACKS (NRF, 1969)

DEUX INDIENNES À PARIS (NRF, 1974)

LES MOYENS DU BORD (NRF, 1975)

LA GUERRE CIVILE (NRF, 1986)

LE TÉLÉSIÈGE (NRF, 1989)

UN SOIR, À LONDRES (NRF, 1991)

Essais

LES INTELLECTUELS DEVANT LA DÉFAITE DE 1870 (Buchet-Chastel, 1942)

MONTHERLANT, « HOMME LIBRE » (La Table Ronde, 1989)

LE NOUVEAU ROMAN AMÉRICAIN (NRF, 1955)

L'AIR DU LARGE, *grand prix de la Critique littéraire* (NRF, 1970)

L'AIR DU LARGE II (NRF, 1987)

Suite de la bibliographie en fin de volume

ON LIQUIDE
ET ON S'EN VA

MICHEL MOHRT
de l'Académie française

ON LIQUIDE ET ON S'EN VA

sotie

nrf

GALLIMARD

Il a été tiré de l'édition originale de cet ouvrage vingt exemplaires sur vélin pur chiffon de Rives Arjomari-Prioux numérotés de 1 *à* 20.

L'Esprit comique distingue un certain nombre de personnages dont les rapports sont nettement définis, puis il rejette tout l'accessoire, pour s'intéresser exclusivement aux personnages et à leurs discours.

MEREDITH

Des portraits de petit format dans un milieu familier, les personnages groupés d'une façon libre et naturelle, qui a valu à ce genre populaire le nom donné par les contemporains (et gardé par les historiens d'art) de *conversation piece*.

JOHN HAYES
Polite Society

PERSONNAGES

Mme L'HÉRITIER, *quatre-vingt-quatre ans*

HORACE L'HÉRITIER, *cinquante-six ans* } ses fils
HÉLIE L'HÉRITIER, *cinquante-cinq ans* }

SOPHIE, *quarante-huit ans*, femme d'Horace

HÉLOÏSE, *vingt-huit ans* } enfants d'Horace et de Sophie
HERVÉ, *dix-huit ans* }

CATHERINE BOURDONNEC, *quarante-neuf ans*

FRÉDÉRIQUE PASSAVOINE, *trente ans*

AMBROISINE

HÉLÈNE, fille aînée de Mme L'Héritier

ÉDITH } filles d'Hélène
FLORENCE }

Me LINTIMÉ, notaire

ANGELO SMELLETI, décorateur

En Bretagne, dans une villa proche de la côte d'Émeraude, dans les années quatre-vingt.

I

– Les voilà, dit Héloïse en posant sur la table de jardin le plateau contenant des verres et une bouteille de porto. Comme ils se ressemblent!

Deux hommes montaient l'allée bordée de tilleuls menant à la terrasse où la famille était réunie.

– C'est vrai qu'ils se ressemblent, dit Mme L'Héritier, observant ses deux fils. Horace est un peu plus petit que son frère Hélie. C'était, pour lui, un grand sujet de mortification quand ils étaient jeunes, et d'autant plus qu'il est l'aîné.

– L'avenir appartient aux hommes petits, dit Hervé.

– Alors, ton avenir est bien compromis, dit Héloïse.

– C'est de qui, cet aphorisme? demanda Mme L'Héritier.

– De moi, Mamie, dit Hervé. Les hommes petits sont plus ambitieux, plus audacieux, plus intrépides que les autres.

– De Gaulle n'était pas petit, dit Héloïse.

– Sa taille l'a gêné.

– Tu dis n'importe quoi.

– Je dis ce qui me plaît.

– Vous ne pourriez pas avoir une conversation plus intéressante? dit Sophie à ses enfants, d'un ton sévère.

– Cela dépend de mon frère, dit Héloïse.

– De toi aussi. De nous tous, dit Sophie.

– Il faudrait proposer un sujet, comme pendant les repas chez la comtesse de Pange, quand elle était petite fille, dit Héloïse.

– Nous sommes en vacances, dit Hervé.

– Ce n'est pas une raison pour laisser dégénérer la conversation, dit Sophie. Faites un effort!

Un silence suivit cette remarque.

– C'est Hélie qui ressemble le plus à votre pauvre grand-père, dit Mme L'Héritier, reprenant le thème des ressemblances familiales, là où on l'avait laissé. Et surtout à son grand-père Hilaire, ajouta-t-elle. Vous ne l'avez pas connu, Hervé et toi, Héloïse. Mais votre maman se souvient de lui, n'est-ce pas Sophie? C'est lui qui a fait construire cette maison.

– Dans le style déplorable de l'époque, dit Hervé.

– Comment! s'écria Mme L'Héritier d'un ton offensé. Tu n'aimes pas cette maison?

– Je n'aime pas ce style de villas, comme on en voit dans toute la Normandie et à Dinard, dit Hervé.

– J'aime bien cette maison, dit la vieille dame. J'y ai été heureuse.

– Tous, nous y avons été heureux, Mère, dit Sophie. Cette maison a une âme. Et le parc qui l'entoure est si beau!

– Mais enfin! s'écria Hervé, faut-il à toute force aimer ce style fin de siècle, ces clochetons, ces carreaux de faïence, ces mâchicoulis!

– Tu emploies des mots dont tu ignores le sens, dit Héloïse. Il n'y a pas de mâchicoulis dans cette maison.

– Mâchicoulis est un symbole, dit Hervé.

– Il faudra que je demande à Ploche de mettre de la terre de bruyère, dit Mme L'Héritier. Les rhododendrons n'ont pas été aussi beaux que d'habitude, cette année.

– Les roses sont superbes, dit Sophie.

– Mais les rhododendrons n'ont pas donné, dit Mme L'Héritier. Oui, vraiment, ajouta-t-elle, portant le regard vers ses deux fils qui bavardaient, arrêtés au milieu de l'allée, c'est Hélie qui ressemble le plus à son père, en vieillissant : même démarche, même façon de porter la tête un peu penchée à droite.

– C'est par conviction politique, dit Hervé.

– Que dis-tu, mon garçon ?

– Je vous en prie, Mère, ne faites pas attention à ce que dit Hervé. Et toi, ajouta Sophie tournée vers son fils, cesse de faire des remarques stupides.

Hervé était un garçon tout en jambes, les cheveux hirsutes, empêtré dans son grand corps. Il venait d'avoir dix-huit ans.

– Hervé ressemble à son arrière-grand-père, d'après les photographies que j'ai vues de lui, dit Héloïse.

– Et à son oncle, dit Mme L'Héritier. Il ressemble à Hélie plus qu'à son père.

– C'est souvent ce qui arrive dans une famille, dit Sophie en passant la main dans la chevelure de son fils. Les ressemblances sont imprévues et sautent une génération. Héloïse ressemble à ma tante Antoinette plus qu'à moi, sa mère.

– Ma tante Amélie et ma mère ne se ressemblaient pas du tout, dit Mme L'Héritier. Et moi, je ressemble à ma tante Amélie... Enfin ! je lui ressemblais, avant que je ne devienne une vieille femme.

– Mais, Mamie, tu es toujours jeune, s'écria Hervé.

– Oh ! Oh !... dit la vieille dame en riant d'un air incrédule. Je sais que je ne parais pas mon âge.

– Ça non, Mère, dit Sophie. Tout le monde, au village, admire votre santé. On vous trouve merveilleuse.

– L'âge est là, dit la vieille dame, hochant la tête en souriant. Mes rhumatismes me font souffrir, par ce temps orageux. Mais, n'est-ce pas, comme disait Père, on ne peut pas être et avoir été.

La remarque de la vieille dame sur le passage du temps fut suivie d'un silence prolongé, insolite dans une famille dont tous les membres parlaient beaucoup et parfois en même temps, ce qui donnait à la conversation un tour capricieux.

– Savez-vous à qui ressemble Héloïse, continua la vieille dame. A sa bisaïeule Henriette. Cela me frappe, chaque fois que je regarde le médaillon en plâtre où elle est vue de profil. Le médaillon qui se trouve dans ma chambre.

– J'aime beaucoup ce médaillon, Mamie, dit Hervé. Je me demande de quand il date ?

– Il doit dater du second Empire et même d'un peu plus tôt, si j'en juge par la coiffure, avec le chignon au sommet de la tête et les deux anglaises qui retombent, de chaque côté du visage. Puisqu'il te plaît, Hervé, je te le laisserai.

– Mamie, dit Héloïse, si je ressemble à cette aïeule, c'est à moi qu'il devrait revenir.

– C'est vrai, dit Mme L'Héritier, comme frappée par la justesse de la remarque. Mais je t'ai promis mon émeraude et le petit Boudin qui est dans ma chambre.

– Moi aussi, dit Hervé, j'aime beaucoup ce tableau.

– Vous vous débrouillerez quand je serai morte, dit Mme L'Héritier. Il y a assez de jolies choses dans cette maison pour que tout le monde ait un souvenir. Vos cousines Édith et Florence, elles aussi auront un souvenir de leur grand-mère. J'espère que vous ne vous disputerez pas, comme cela arrive dans certaines familles.

– Nous nous disputerons sûrement, Héloïse et moi, dit Hervé. Pour ne pas en perdre l'habitude.

– Non, mes enfants, dit la vieille dame, ne vous disputez pas, je vous en prie. Soyez toujours unis. C'est ce que disait Père : il voulait que la famille reste unie.

– Comme papa et oncle Hélie sont bavards, dit Héloïse. Ils en ont des choses à se raconter!

– Hélie doit commenter le sermon, dit Sophie.

– Je n'en ai pas entendu un mot, dit Mme L'Héritier. Depuis que le curé a fait mettre des micros et des haut-parleurs dans l'église, je n'entends plus rien.

– Oncle Hélie dirait que tu ne perds pas grand-chose, Mamie, dit Héloïse.

Les deux hommes montaient l'allée du même pas, s'arrêtant tous les trois mètres en causant. Tous deux étaient grands. Hélie, le cadet, dépassait Horace, son aîné, de quelques centimètres. Tous deux étaient habillés de tweed et de flanelle. Horace avait une courte moustache blonde; Hélie était glabre. Ils avaient le même nez fort, aux narines larges, le même menton creusé d'une fossette et avaient tous deux dépassé la cinquantaine.

– Je suis heureuse de les voir ensemble, dit Mme L'Héritier. C'est si rare à présent! Quand ils étaient enfants, ils ne se quittaient jamais; ils avaient des conversations qui duraient des heures. Hélie imitait son frère en tout. Il n'y a qu'un an de différence entre eux et ils sont tous deux du mois d'avril. C'est presque comme s'ils étaient jumeaux! Il y a quelque chose d'harmonieux dans l'existence de deux êtres si proches, presque identiques, ne trouvez-vous pas?

– Comme une paire de fauteuils de style, dit Hervé.

– Hervé, tais-toi, dit Sophie.

– Mon garçon a encore dit une sottise, dit Horace L'Héritier en souriant, prenant pied sur la terrasse. Ah! dit-il en embrassant du regard les membres de sa famille, le jardin, les bois alentour, l'horizon des champs et des prés, quelle joie de vous voir tous réunis! Quel bel été! La récolte sera superbe, cette année... Les travaux d'irrigation que j'ai fait réaliser dans le département ont considérablement amélioré la moisson. Je n'en suis pas peu fier...

Il fallait prendre ce problème de l'irrigation à bras-le-corps! Ce qui a été fait...! Ma foi, je prendrai volontiers du porto.

– Moi aussi, dit Hélie. Si ma nièce veut bien nous servir.

– Il est bon, dit Horace après avoir goûté au vin. C'est Lepereau, notre ambassadeur à Lisbonne, qui m'en a envoyé une caisse, pour me remercier de l'avoir fait entrer au club. Un homme charmant. Il fait une très belle carrière... Je lui ai rendu un ou deux petits services... Tu devrais devenir membre du club, Hélie, il y a longtemps que je te le dis.

– Je ne sais pas ce que j'y ferais...

– Tu t'y ferais des relations. Cela te serait très utile.

– Je n'ai pas de temps à perdre, dit Hélie. Et je n'ai nulle envie de me disputer avec tes amis bien-pensants.

– Hélie, ne reste pas ainsi debout, dit Mme L'Héritier d'un ton vif, comme pour couper court à une discussion possible. C'est mauvais pour ta sciatique. Assieds-toi dans ce fauteuil. On est très bien dans ces fauteuils en rotin. Ils sont très confortables. Votre grand-père les avait achetés à la vente de chez Bromwell.

– Qui était ce Bromwell ? dit Hervé.

– Notre voisin, dit Mme L'Héritier. C'est lui qui avait acheté le Moulin et l'avait fait transformer, à peu près dans le même temps où votre arrière-grand-père a fait construire cette maison. C'était un original.

– Naturellement, puisqu'il était anglais, dit Hervé.

– Toutes les Françaises sont rousses, dit Héloïse.

– En effet, dit Mme L'Héritier qui était un peu dure d'oreille, elle était rousse. Je parle de Mrs Bromwell, si tant est qu'elle fût vraiment sa femme. Des gens disaient qu'elle était sa « bonne amie ». On n'a jamais très bien su... Il y avait de beaux meubles chez ce Bromwell. La table qui est dans le salon, devant la cheminée, vient de chez lui. Et aussi les petits fauteuils qui sont dans ma chambre.

– Regency, dit Hélie. Il faudra changer le cannage.

– Et tous ces romans qui amusaient tant votre grand-père, dit Mme L'Héritier : ils viennent de la bibliothèque de l'Anglais. Ces romans où l'on voit des évêques qui cherchent des maris pour leurs filles.

– Ce qu'on verra bientôt ici, dit Hélie.

– Allons ! Allons ! Hélie, ne commence pas, dit Horace. Il y a eu d'excellentes choses faites dans l'Église, depuis le concile.

– Je ne vois pas lesquelles, dit Hélie.

– Mais si, dit Horace d'un ton péremptoire. Et les exagérations commises vont être corrigées. Boujeau, un homme remarquable, qui nous a longtemps représentés auprès du Saint-Siège, me l'a dit l'autre jour : le pape est décidé à remettre de l'ordre dans l'Église et à supprimer les fantaisies introduites dans la liturgie.

– J'attends de voir les évêques français se conformer aux directives nouvelles.

– Ne sois pas toujours à contre-courant, dit Horace avec agacement.

– Mais bien sûr qu'il faut être à contre-courant, dit Hélie : c'est la seule chance d'être dans le vrai. Reconnais que ces nouveaux cantiques en français sont affligeants de bêtise et de laideur.

– Si l'on veut entendre de beaux chants, il faut aller au couvent des Bernardines, dit Mme L'Héritier. Pendant longtemps, ma cousine Léontine a dirigé la Schola. Jeune fille, elle avait une voix d'or. Dire que je n'ai pas encore été lui rendre visite ! Elle attend cette visite, j'en suis sûre. Je ne manque jamais, chaque année, d'aller la voir. Chère Léontine ! Ça a été une surprise pour toute la famille quand elle a pris le voile. La cérémonie était très émouvante. Tous les cousins étaient venus !

– Et Dieu sait s'il y en a! dit Hervé.

– C'est une grande famille, dit Mme L'Héritier rêveuse, comme si elle passait en revue les membres vivants et morts de sa parentèle. Mon Dieu! dit-elle avec étonnement, dire qu'il y a plus de soixante ans de cela! Léontine avait perdu son mari, tué à Charleroi dès les premiers jours de la guerre de 14. Et sa petite fille de cinq ans, enlevée par la grippe espagnole. J'étais jeune fille quand elle s'est mariée, elle n'a qu'un an ou deux de plus que moi... Ils recevaient beaucoup. Lui était magistrat et avait de la fortune. J'étais éblouie par leur train de maison. Il y avait plusieurs domestiques, un break et un cocher. On faisait beaucoup de musique chez eux. Albert se mettait au piano et Léontine chantait : les mélodies de Duparc, de Fauré :

Mon enfant, ma sœur
Songe à la douceur...

chantonna la vieille dame d'une voix brisée. Que c'est beau!

– La mélodie n'ajoute rien au poème de Baudelaire, dit Hervé. En un sens, c'est un sacrilège.

– Un sacrilège! s'écria la vieille dame. Je trouve cette mélodie si belle!

– Tu as raison, Maman, dit Hélie. C'est un des rares exemples d'une mélodie adaptée aux paroles d'un poème.

– Quelles belles soirées j'ai connues chez Léontine, autrefois! dit Mme L'Héritier. Comme la vie était agréable avant la guerre! Je veux dire celle de 14. Chère Léontine! Oh! j'ai hâte d'aller la voir. Elle a toujours d'amusantes histoires à raconter. Elle connaît les dernières nouvelles de la famille, c'est elle qui me les apprend. Et les derniers potins de la ville. Ces bonnes sœurs cloîtrées sont au courant de tout ce qui se passe; elles ont sûrement des informateurs.

– L'aumônier, le jardinier, les corps de métier, voilà leurs informateurs, dit Sophie.

– Alors, c'est un peu comme pour nous, dit Hervé.

Une vieille femme apparut au tournant d'une allée menant à la terrasse.

– Le déjeuner est prêt, cria-t-elle de loin, d'un ton furieux. Mon gigot va être trop cuit.

– On arrive! cria Sophie. J'ai beau dire à Ambroisine de sonner la cloche, ajouta-t-elle à mi-voix, elle ne veut rien entendre.

– Ambroisine estime que ce serait la maintenir au rang de domestique, dit Hélie. Elle fait partie de la famille.

– Pour ça oui! dit Mme L'Héritier en soupirant. Même un peu trop. Elle n'en fait qu'à sa tête.

– Ambroisine a beaucoup vieilli, dit Sophie. C'est peut-être son dernier été avec nous.

– Mais elle est plus jeune que moi! s'écria la vieille dame d'un ton offensé.

– Sans doute, Mère, dit Sophie, mais vous êtes exceptionnelle! Hervé, dit-elle à son fils, remonte le plateau, s'il te plaît.

La famille, par petits groupes, se dirigea vers la maison.

– C'est gentil d'être venue passer quelques jours avec nous, dit Horace à sa fille Héloïse. Dommage que ton mari ne t'ait pas accompagnée. Olivier va bien?

– Je l'espère, dit Héloïse avec un petit rire crispé.

– Tu ne sais pas comment se porte ton mari?

– Je ne l'ai pas vu ces derniers temps. Je crois qu'il est dans le Midi, chez ses parents où Pierre passe une partie de ses vacances.

– J'aurai à te parler d'Héloïse, dit Sophie à voix basse en attirant son mari à part, tandis que la famille, après le déjeuner, se rendait de nouveau sur la terrasse où le café serait servi.

– Qu'y a-t-il ? dit Horace du même ton. Est-il arrivé quelque chose à Olivier ?

– Héloïse a quitté Olivier.

– Je regrette qu'elle soit venue seule, car j'aime beaucoup Olivier. Et d'abord qu'est-ce que cette nouvelle coiffure d'Héloïse ? Elle ne lui va pas du tout et lui donne mauvais genre. Je suppose que c'est une mode nouvelle, tu la juges donc excellente.

– Je t'ai annoncé qu'Héloïse avait quitté son mari.

– Je vais lui faire une remarque au sujet de cette coiffure, dit Horace. Ces tresses sont ridicules. Quitté ? Qu'est-ce que cela veut dire ?

– Je me suis exprimée clairement, il me semble.

– Mais quoi ? Quitté pour de bon ? Est-ce que quelque chose le laissait prévoir ?

– Il y a plusieurs mois qu'on ne les voyait plus ensemble. Si tu portais un peu plus attention à ce qui se passe dans ta famille, tu t'en serais aperçu.

– Ils ne vont tout de même pas divorcer ? Je ne le permettrai pas. Quel effet déplorable cela ferait sur mes amis, mes électeurs ! Je suis un homme public, j'aimerais que l'on s'en souvienne ! Héloïse ne peut pas faire tout ce qui lui plaît. J'espère, en tout cas, qu'elle gardera le nom. Je vais lui parler.

– Je ne te le conseille pas. Vous ne vous êtes jamais très bien entendus. Elle me parlera. Mais il faut la laisser le faire, quand elle en éprouvera le besoin.

– Tout compte fait, cela ne m'étonne pas, dit Horace d'un ton ferme. Je n'ai jamais approuvé la vie que menaient

Héloïse et son mari. Toujours... Enfin, souvent séparés. Passant des week-ends chez des amis différents. Rappelle-toi, on les voyait rarement ensemble.

– C'est ce que je t'ai fait remarquer tout à l'heure.

– Ces jeunes ménages dans le vent, où chacun travaille et mène sa vie comme il l'entend, sont voués à l'échec.

– Le nôtre, conçu sur un modèle tout différent, a évidemment été une réussite.

– Que veux-tu dire ?

– Je t'en prie, Horace, ne me demande pas de développer.

– J'aime assez que l'on développe. Que l'on ne s'en tienne pas à des allusions. Héloïse est en train de commettre une erreur. J'espère que tu le lui as dit.

– Je ne la juge pas. Elle a vingt-huit ans et sait ce qu'elle fait.

– Moi, je la juge. Je lui dirai ce que je pense de sa conduite. Et de sa coiffure.

Deux hommes, l'un grand et maigre coiffé d'une casquette, l'autre plus âgé, des mains énormes se balançant au bout des bras, à hauteur des genoux, avançaient dans l'allée des tilleuls, s'arrêtant tous les trois mètres pour regarder les arbres.

– Voilà Ploche, dit Mme L'Héritier. Il vient pour les arbres. Il va falloir les émonder. Il y a quinze jours qu'il devait venir.

– Tu sais bien, Maman, que Ploche n'est pas de parole, dit Horace.

– Enfin, il est là.

– Il va nous jouer sa petite comédie, dit Sophie.

– Alors, monsieur Ploche ! cria Mme L'Héritier au jardinier qui s'était arrêté assez loin de la terrasse. Je désespérais de vous voir.

– Dame, dit Ploche, on est débordé en ce début de saison, pas vrai Émile. Dis donc, dit-il s'adressant à son aide, tu as vu les rosiers ? Ça ! il n'y en a pas d'aussi beaux dans toute la région. Je le disais l'autre jour à M. Morin, hein Émile ! je lui disais que les plus belles roses de toute la région sont aux Tilleuls.

– Et ma terre de bruyère ? cria Mme L'Héritier. Je vous avais dit d'en mettre, l'hiver dernier ! Les rhododendrons n'ont pas été beaux, ce printemps.

– Tu vois, Émile, c'est ce que je te disais : les rhodos n'ont pas été aussi beaux que l'an dernier. C'est partout, pas vrai ? Il y a des années comme ça. Et encore, chez M. Morin, ils ont été beaucoup moins beaux qu'ici.

Les yeux braqués sur Ploche, comme un chien sur son maître, l'aide-jardinier opinait de la tête, faisait entendre un grognement en guise de réponse.

– Mais tu as vu, près du portail, les hortensias, dit Ploche, prenant toujours son aide à témoin. Ils vont être superbes, hein ? On peut le dire.

– Et mes arbres, cria Mme L'Héritier avec quelque impatience. Quand venez-vous les émonder ?

– Justement, hein, Émile, je te disais qu'on viendrait à la fin de la saison. Pas avant, non, pas avant. Bon. C'est pas tout ça. On va débroussailler au fond du jardin, c'est pour ça qu'on est venu. Émile, je vais te faire voir...

Les deux hommes s'enfoncèrent dans le parc.

– Ah ! ça, alors, hein Émile ! Tu as vu, Émile, ce qu'ils sont beaux, ce qu'elles sont belles les roses ! Formidable ! s'écria Hervé quand les deux hommes eurent disparu sous les arbres. Ces roses hein, Émile ! Tu parles... continua Hervé, mimant le jardinier.

– Je l'ai trouvé particulièrement en forme aujourd'hui, dit Héloïse.

– C'est un grand acteur, dit Sophie.

– S'il croit s'en tirer ainsi, en faisant l'éloge de mes roses! dit Mme L'Héritier. Je vais finir par chercher un autre jardinier.

– Oh! non, Mamie, s'écria Hervé. On ne peut pas se passer de Ploche! Sans Ploche, les Tilleuls n'existent plus.

– Voilà Frédérique qui vient chercher mon frère, dit Héloïse. Tu as raté le numéro de Ploche, dit-elle à la jeune femme qui débouchait de l'allée des tilleuls.

– Ploche est aussi notre jardinier, dit la nouvelle venue. Mais nous ignorons le numéro dont vous parlez.

– Il le réserve à ses plus vieux clients, dit Hervé.

– Et en quoi consiste ce numéro?

– Ploche s'exclame sur la beauté du jardin dont il a la garde, pour dissimuler le fait qu'il ne s'en occupe pas suffisamment. Il se rend donc justice avant qu'on lui fasse des reproches.

– Mais pour obtenir le numéro, dit Héloïse, il faut avoir fait des reproches dans le passé. Beaucoup de reproches. Ploche a essuyé des années de reproches.

– Et son père avant lui, dit Hélie.

– Dorénavant, ma mère et moi, nous lui en ferons, dit Frédérique.

Frédérique Passavoine était grande et blonde. Plus âgée qu'Hervé, elle se plaisait en sa compagnie et le voyait chaque jour, ce qui n'était pas sans étonner les habitants des Tilleuls pour qui Hervé était encore un enfant.

– Que vos roses sont belles! s'écria Frédérique, quand elle eut fait le tour de l'assistance, serrant les mains.

– C'est ce que Ploche vient de dire à Mamie, dit Hervé.

– Les rhododendrons n'ont pas donné, cette année, dit la

vieille dame. Comment étaient les vôtres, Frédérique ? Il semble que ce soit général dans la région. Le printemps a été maussade.

– Ce sont vos roses églantines que je préfère, dit Frédérique Passavoine. Quelle belle journée ! Hervé, où allons-nous ? Ma voiture est en bas. Nous trouverons en route... Voulez-vous nous accompagner ? dit-elle, soudain tournée vers Hélie.

Et, sans lui laisser le temps de répondre, elle ajouta :

– Vous avez votre travail, je sais, que j'admire tant ! Mais vous ne travaillez pas toute la journée ? Ou bien si ? C'est tellement mystérieux, pour moi, la création littéraire. Oh ! j'ai oublié de vous apporter un livre pour vous demander une dédicace. Pour Maman. C'est le livre de vous qu'elle préfère, et je l'aime aussi beaucoup : *L'allée des tilleuls.*

– *L'ombre des tilleuls*, corrigea Hélie.

– C'est cela : *A l'ombre des tilleuls*, dit Frédérique avec élan ! Nous allons visiter l'abbaye de Clairfontaine, qu'en dis-tu Hervé ? Cela ne vous tente pas ? Toi non plus, Héloïse ? Ce sera pour une autre fois. Viens, Hervé. Au revoir, Madame... Au revoir. Bonne journée.

– Allons plutôt à Saint-Malo, dit Hervé, dévalant avec Frédérique l'allée des tilleuls. C'est ridicule de passer des vacances au bord de la mer et de ne pas la voir ! Il faut aller la chercher.

– Pas très loin, dit Frédérique. Et tu as la mer et la campagne.

– Je déteste la campagne. Je déteste cette maison. Autrefois, j'ai navigué avec mon oncle Hélie quand il avait un voilier dans le port de Saint-Servan. Il l'a vendu. Il a mis son sac à terre, comme il dit !

– Eh bien, allons à Saint-Malo, dit Frédérique. On prendra un verre au bar de l'Univers. J'y ai de bons souvenirs.

– Je n'aime pas les souvenirs que je ne partage pas.

– Tu étais en nourrice à l'époque. Ne fais pas cette tête. Et dis-moi que tu m'aimes! Allons! Fais quelque chose.

– Quel entrain, dit Sophie après le silence qui suivit le départ des jeunes gens.

– On en reste un peu étourdi, dit Héloïse.

– Cette fille a un tonus extraordinaire, dit Horace.

– Elle a surtout un toupet monstre, dit Sophie. Qu'en pensez-vous Hélie ? Elle a beaucoup d'admiration pour vous, je l'ai déjà remarqué en d'autres occasions. Elle est fière de connaître un écrivain. Et de l'avoir lu.

– Mal, dit Hélie.

– Elle fait votre publicité, dit Sophie. Je l'ai entendue se plaindre, l'autre jour, chez le marchand de journaux, parce que vos livres manquaient.

– Sophie, je vous en prie, dit Hélie, l'air gêné qu'il prenait toujours quand on lui parlait de son œuvre.

– Mais oui, oncle Hélie, s'écria Héloïse, Frédérique vous admire beaucoup.

– Il est bien normal que l'on admire Hélie, dit Mme L'Héritier. Il est trop modeste. Quel âge a Frédérique ? demanda la vieille dame. Est-ce qu'elle n'est pas mariée ? On la voit toujours seule.

– Elle a mon âge, dit Héloïse. Elle s'est mariée, il y a trois ans, à un homme beaucoup plus âgé qu'elle. Cela a surpris tout le monde. Elle est séparée de son mari.

– Séparée ? dit Mme L'Héritier. Au bout de trois ans de mariage ? Veux-tu dire qu'elle est divorcée ?

– Non, Mamie, dit Héloïse en riant. Séparée par un océan. Son mari est en Amérique du Sud, dans une petite république : la Bolivie, je crois, ou le Pérou... Frédérique n'a nulle envie de le rejoindre. Il est diplomate.

– Mais un diplomate doit avoir une femme pour l'aider à recevoir, dit Mme L'Héritier.

– Peut-être reçoit-il avec une autre femme ? dit Hélie. Il a peut-être une maîtresse, une Périchole, à qui il a offert un carrosse ?

– Un carrosse ? dit Mme L'Héritier.

– Une automobile américaine, si tu préfères, Maman.

– Ah ! la diplomatie a bien changé, dit Mme L'Héritier.

– On comprend que Frédérique n'ait pas envie de se mesurer à la Périchole, dit Horace. Sa dignité le lui interdit.

– Elle ne lui interdit pas de mener, en France, une vie assez libre, si j'en crois les potins, dit Sophie. Elle a l'air de bien s'entendre avec ton frère.

– Il a de la chance, dit Héloïse. Frédérique est ravissante. Beaucoup d'hommes aimeraient être à la place d'Hervé.

– L'ambassadeur, peut-être ?

– « *... rien ne peut distraire de son spleen, le consul général de France à la Plata* », dit Hélie.

– Je croyais qu'il était ambassadeur, dit Mme L'Héritier.

– Dommage, dit Hélie.

– C'est une fille comme Frédérique qui pourrait aider un écrivain dans sa carrière, dit Héloïse. Vous devriez la prendre comme secrétaire, oncle Hélie.

– Hélie, qui aime tant son indépendance et sa liberté, la trouverait peut-être envahissante, dit Sophie.

– Et que dirait Hervé ? dit Héloïse.

– Vous êtes bien bons, tous autant que vous êtes, d'organiser ma vie, dit Hélie. Je trouve cette conversation absurde. Continuez-la sans moi.

– Hélie s'est vexé, dit Horace quand son frère eut quitté la terrasse pour s'enfoncer dans le jardin. Il ne supporte pas qu'on le taquine.

– Laissez Hélie tranquille, dit Mme L'Héritier. Il est un peu nerveux et irritable, en ce moment.

– « Tout m'agace », dit Horace : voilà la devise de mon frère.

– Le jour où il a prononcé cette phrase, il n'a pas songé au sort que tu lui ferais, dit Sophie.

– C'est parce qu'il n'écrit pas, dit Mme L'Héritier. Il m'a dit qu'il n'avait rien en chantier. Il a été déçu par l'insuccès de son dernier roman, qu'il juge immérité.

– Comment pouvait-il espérer le succès d'un tel livre, dit Horace. Mon frère croit écrire des romans comiques... « Drôles », c'est son mot. Et ils sont lugubres ! Des romans où il ne se passe rien, où il n'y a pas d'idées, pas d'intrigues dramatiques... Hélie rumine toujours les mêmes obsessions... Qu'il traite les problèmes de l'heure : le tiers monde, les femmes porteuses, les cambriolages... Je ne sais pas, moi ! Non seulement il ne cherche pas à plaire, mais on dirait qu'il cherche à déplaire...

– Il ne déplaît pas à Frédérique Passavoine, dit Sophie. Elle va peut-être l'inspirer.

– Que dirait Catherine Bourdonnec ! dit Horace.

– Est-ce qu'Hélie voit Catherine toujours aussi souvent ? dit Mme L'Héritier. Si, au moins, elle pouvait le fixer... ! Il est temps qu'il s'arrête de courir à droite et à gauche.

– Catherine aurait des vues sur Hélie, que je n'en serais pas surprise, dit Sophie. Et aussi sur la propriété, dont elle fait souvent l'éloge.

– Elle perd son temps, dit Horace. Hélie n'aura jamais les Tilleuls.

– On sait que tu ne les lui laisseras jamais, dit Sophie.

– J'espère, en tout cas, que la propriété restera dans la famille, dit Mme L'Héritier. Et que vous ne vous disputerez pas quand je ne serai plus là.

– Mère, vous êtes là encore pour longtemps, Dieu merci! s'écria Sophie.

– Ce sera selon la volonté du bon Dieu, dit la vieille dame.

– Vous devez être heureux de vous retrouver aux Tilleuls, dit Catherine Bourdonnec.

– Je le serais davantage, s'il n'y avait pas toute la famille, dit Hélie.

– Mais vous êtes une famille unie! Exemplaire, on peut le dire.

– Les familles unies sont celles dont les membres se voient le moins souvent possible. A Paris, je m'entends très bien avec mon frère Horace, car je ne le vois jamais.

– Il y a cette belle propriété qui vous réunit, chaque année pour les vacances.

– Plus pour très longtemps, dit Hélie. C'est joli, ce médaillon, dit-il après avoir parcouru le magasin du regard, saisissant l'objet posé sur le marbre d'une commode Louis XVI. Et cette petite cafetière en vieux Paris, je pense, est ravissante. Moi qui ai tant aimé les objets, je n'achète plus rien. Je n'ai plus de place. Mon appartement parisien est bourré à craquer. Il est vrai qu'il n'est pas grand... Et ici, aux Tilleuls, c'est fou ce qu'on a pu accumuler de choses, en trois générations. On est submergé par les meubles et les bibelots. Il n'y a plus un emplacement sur les murs pour accrocher un tableau. Le grenier et les dépendances sont bourrés à craquer. Quand il faudra se débarrasser de tout cela!

– Ne manquez pas, alors, de me prévenir.

Catherine Bourdonnec était une femme qui, depuis plusieurs années, avouait la quarantaine. Grande, très brune, elle avait un grand nez, une grande bouche avide, de grands yeux noirs qui fixaient l'interlocuteur avec une insistance presque gênante, un rire éclatant. Elle avait ouvert un magasin d'antiquités dans le village. Chaque fois qu'il se rendait au bourg – c'était généralement le soir, avant le dîner – Hélie L'Héritier se rendait chez l'antiquaire pour apprendre les nouvelles et se faire offrir du whisky.

– Avez-vous l'intention de vendre les Tilleuls et tout ce qu'il y a dedans? dit Catherine Bourdonnec en écho à la remarque désabusée que venait de faire son visiteur.

– Il le faudra bien un jour, dit Hélie. A moins que mon frère ne veuille s'en rendre propriétaire. Cela m'étonnerait, car il a déjà une maison dans le Midi, à laquelle il tient beaucoup. Et il y a ma sœur Hélène.

– On ne la voit jamais, dit Catherine Bourdonnec.

– Ni elle, ni ses filles ne tiennent à cette maison. Il n'y a que moi qui l'aime et je ne peux pas l'acheter. Nul n'est tenu de rester dans l'indivision, vous connaissez cette règle de droit. Nous avons décidé de ne rien faire, tant que Maman vivra. Mais après...!

– En ce cas, vous garderez longtemps les Tilleuls, dit Catherine. Votre mère paraît dix ans de moins que son âge. Je l'ai aperçue, hier, qui traversait le village. Elle trottait comme une jeune femme. Elle est merveilleuse.

– Oui, elle est merveilleuse, dit Hélie. Elle nous étonne tous. Je crois bien qu'elle n'a jamais été malade. Mais elle a tout de même plus de quatre-vingts ans.

– Quelle admirable vieillesse! Vous pouvez être fiers d'elle.

– Nous le sommes. D'ailleurs, nous sommes tous assez fiers de nous, dans la famille. Surtout mon frère Horace.

– Cela se voit, dit Catherine Bourdonnec. Il est normal qu'il soit fier de sa réussite. Et de ses relations, dont il ne déteste pas se prévaloir. Nous devons lui paraître bien médiocres, nous les habitants de ce village. Nous sommes très honorés qu'il prenne la peine de venir jusqu'à nous et condescende à nous parler. Quel intérêt représentons-nous pour lui ?

– C'est une question que nous nous posons, nous les membres de sa famille, dit Hélie. D'ailleurs, il vient de moins en moins souvent nous voir. Il part demain ou après-demain. Il a épuisé les ressources de bienveillance dont il dispose en notre faveur.

– Votre belle-sœur part-elle aussi ?

– Non, heureusement. Sans elle, je ne sais pas ce que nous deviendrions. Mon frère et sa femme vivent souvent séparés, ce qui est une hygiène excellente dans les ménages. J'aurais dû moi-même la pratiquer, cela m'aurait évité des déboires.

– Allez-vous rester seul toute votre vie ? dit Catherine. La vieillesse d'un homme seul n'est pas agréable.

– Je vous remercie de songer à ma vieillesse, dit Hélie. Elle me paraît encore éloignée. J'aviserai, le moment venu.

– Le temps passe sans qu'on s'en soucie et, soudain, on s'aperçoit qu'on a vieilli.

– Si vous me dites cela, c'est que vous estimez que j'ai laissé passer l'âge de refaire ma vie. Et d'abord, qu'est-ce que cela veut dire ?

– Ne plus être seul.

– J'aime la solitude.

– Elle est parfois pénible.

– La présence d'un conjoint, aussi, est parfois pénible.

– Il y a des contraintes à accepter. Mais il y a des compensations.

– Il y en a à être seul. Grave problème! Faut-il se marier? Ne le faut-il pas? Rabelais a écrit là-dessus une page immortelle.

– Vous vous moquez, dit Catherine. Pour moi, je n'ai pas l'intention de rester seule. Ni de tenir cette boutique jusqu'à la fin de mes jours, je vous le dis tout de suite. Je n'ai pas vu un client aujourd'hui. Je vais fermer. Puis-je vous offrir du whisky? Pas de glace et de l'eau plate, je sais.

– Faut-il vraiment que tu partes, Horace, dit Mme L'Héritier. Tu viens à peine d'arriver. Je crois que tu n'aimes plus cette maison.

– Si, Maman, dit Horace. Je suis toujours heureux d'y revenir. Mais je ne te cache pas que je trouve de plus en plus lourdes les charges qu'elle représente. Tu le sais, c'est moi qui en supporte la plus grande part. Mon frère...

– Ton frère n'a pas une situation comme la tienne. Mais lui, au moins, profite de cette maison. Il lui reste fidèle.

– Justement, dit Horace. Il pourrait contribuer un peu plus largement à son entretien. Il prend de longues vacances, lui. Il n'a pas de responsabilités; il s'est toujours arrangé pour n'en pas avoir. Moi, je ne peux pas quitter mes affaires trop longtemps. Surtout en ce moment.

– Je n'ai jamais compris grand-chose à tes affaires, mon garçon. Elles sont nombreuses et variées, m'a-t-on dit?... Tu achètes et vends des terrains, des maisons? J'espère que tu n'as pas, en ce moment, de soucis particuliers?

– On en a toujours, Maman. Les affaires sont devenues difficiles. Je me suis lié à des groupes financiers qui manifestent des exigences abusives. Mais je ne peux pas t'expliquer tous ces mécanismes...

– Je n'y comprendrais rien, mon fils. Ton pauvre père se faisait du souci, lui aussi. Bien sûr, cela n'était rien auprès des préoccupations que tu peux avoir. Ton père n'avait pas d'ambition. C'est de lui que tient Hélie. Toi, tu es entreprenant, combatif. Tu joues un rôle éminent dans le pays... Si, si... Encore ce matin le journal signalait ta présence au village. Tu tiens beaucoup de ta grand-mère paternelle. C'était une maîtresse femme. A l'époque, les femmes n'avaient guère la possibilité de donner leur mesure, mais ta grand-mère avait les qualités d'un chef d'entreprise. Il fallait la voir, ici, aux Tilleuls, régentant tout le monde, les jardiniers, les domestiques... Et aussi son mari! Et sa belle-fille. Oh! je ne me suis pas toujours bien entendue avec elle. C'était une femme exigeante, qui avait été servie comme on ne peut plus l'être. Elle a fait tourner en bourrique cette pauvre Ambroisine qui devait lui bassiner son lit tous les soirs! Elle n'était jamais satisfaite... Mais j'ai raconté tout cela : je crois que je commence à radoter.

– Je voudrais te parler d'Hélie, dit Horace. Je ne le trouve pas bien, il est maussade, mécontent de tout. Cela se devine dans des articles qu'il a écrits récemment. On m'en a fait la remarque. Cela finira par lui nuire, de jouer ainsi les Alceste. A lui et à Hervé, à qui des amis ont reproché les prises de position de son oncle. Et cela me nuit à moi, auprès de mes amis politiques. J'espérais avoir la présidence du conseil général : on m'a préféré quelqu'un d'autre. Je suis persuadé que c'est à cause de mon frère. Sous couvert de littérature, il ne manque jamais d'attaquer le gouvernement.

– Mais je croyais que tu étais toi-même dans l'opposition?

– Il y a plusieurs façons de l'être. C'est tout de même le gouvernement de la France. Bien sûr, je n'approuve pas toute sa politique, mais... Enfin, il faut un peu de modération dans la critique, on ne peut pas se brouiller avec tout le monde. J'ai des amis dans tous les partis. Tu connais les idées d'Hélie. C'est absurde de sa part d'aller contre tout ce qui se fait dans l'Église. Car, enfin, Hélie est divorcé, que je sache. C'est très bien de vouloir chanter la messe en latin, mais pas trop haut, si l'on est divorcé.

– Mais, dit Mme L'Héritier d'un ton atterré, est-ce que les autres, ceux qui veulent tout changer, n'ont pas aussi des choses à se reprocher ?

– Tout le monde a des choses à se reprocher, dit Horace. Mais il faut être conséquent avec soi-même.

– Connais-tu beaucoup de gens qui le soient ?

– Hélie s'acharne à défendre des principes qui n'ont guère inspiré sa vie.

– Hélie est sincère, dit la vieille dame avec force. Ah ! voilà Pinard, avec son taxi. C'est moi qui l'ai convoqué, dit-elle précipitamment comme pour prévenir une objection de son fils. Je ne veux pas vous transformer en taxis, toi et ton frère, quand vous êtes en vacances. Pinard a l'habitude. J'arrive ! cria-t-elle à l'adresse du chauffeur qui, ayant arrêté sa voiture devant la maison, en était descendu et attendait, une main posée sur la poignée de l'une des portes arrière.

– Mais, dit Horace sans cacher sa surprise, où vas-tu, Maman, à cette heure-ci ?

– Je vais rendre visite à ma cousine Léontine, dans son couvent. Et j'ai des courses à faire en ville.

– Mais, Maman, il est près de six heures, dit Horace. Quand vous arriverez en ville, surtout à l'allure où va Pinard, les magasins seront fermés.

– J'arriverai au couvent pour le salut, dit la vieille dame. Et, ensuite, je pourrai m'entretenir avec Léontine. J'ai une telle hâte de la voir !

Elle fit un pas vers le taxi puis, se tournant vers son fils :

– Ne sois pas aussi sévère envers ton frère, dit-elle. Évite de le contrarier, en ce moment. Toi, tu es plus fort. Plus habile. Sois indulgent. Il faut être indulgent, c'est ce que disait toujours ton pauvre papa.

– Faut-il être indulgent envers ceux qui ne le sont pas?

– Ce n'est pas une chose que l'on distribue, selon les mérites. C'est une attitude d'esprit. Je dirai une prière pour vous deux, au couvent... Je serai de retour pour le dîner. J'arrive! cria la vieille dame à l'adresse du chauffeur et elle esquissa un pas de course vers la voiture.

Comme il rentrait aux Tilleuls, après avoir quitté Catherine Bourdonnec, Hélie rencontra sa belle-sœur, qui venait de faire une course au village.

– Tu parais soucieuse, Sophie, dit Hélie. Est-ce l'arrivée d'Héloïse qui te pose des problèmes? Héloïse est toujours délicieuse. J'ai grand plaisir à la voir.

– Héloïse quitte son mari, dit Sophie. Elle est venue m'en avertir.

– Elle aussi? Que dit Horace?

– Il réagit comme tu t'en doutes, en énonçant de vagues principes... Il ne pense qu'aux ennuis que ce divorce peut lui attirer et aux commentaires désagréables que l'on peut faire.

– Bah! tout le monde divorce aujourd'hui! Ce n'est pas comme autrefois où la chose paraissait scandaleuse. J'ai été un précurseur.

– Horace pense à ses relations, à sa carrière politique, aux parents d'Olivier. Cela le flattait qu'Héloïse soit entrée dans une famille en vue. Qu'elle porte un titre...

– Faux, comme ils le sont presque tous, dit Hélie.

– Il faisait très bien l'affaire d'Horace. Sa première question, quand je lui ai annoncé la nouvelle, a été pour savoir si Héloïse garderait le nom.

Hélie se mit au pas de sa belle-sœur.

– Je me demande, dit Hélie, si Horace s'est jamais douté de quelque chose.

– Il ne voit jamais rien, tu le sais. Ou seulement ce qu'il veut bien voir. Il est vrai que rien ne laissait prévoir cette rupture.

– Ce n'est pas d'Héloïse que je veux parler, dit Hélie vivement. Mais de nous.

– Je t'en prie, dit Sophie. Combien de fois t'ai-je demandé de ne plus faire d'allusions au passé.

– Mais, ici, les souvenirs me reviennent en foule. Les tiens sont-ils si mauvais que tu veuilles à tout prix les chasser ?

– Je ne vois pas quel bien tu peux en retirer.

– Je ne peux empêcher que tout le monde me dise à quel point Hervé me ressemble. Encore tout à l'heure...

– Tais-toi, dit Sophie. Je ne veux pas t'écouter. Laisse-moi en paix.

– Et Horace ? dit Hélie, après un silence.

– Je ne sais plus rien de lui. Il affecte une grande assurance, comme toujours, mais à de certains signes je le sens préoccupé par ses affaires.

– Il mène toujours grand train.

– C'est pour se faire illusion à soi-même. Il vient d'acheter un terrain près de Cannes alors qu'il n'a pas vendu notre propriété d'Antibes. Il se flatte d'obtenir des permis de construire. Comme tu le sais, il ne fait jamais que des affaires mirobolantes. Lui seul est habile ; les autres sont des imbéciles.

– Cela ne lui a pas mal réussi, jusqu'à présent.

– Ses affaires, c'est un château de cartes. Tout peut

s'écrouler d'un moment à l'autre. Ses amis politiques se lasseront peut-être et ne le soutiendront plus auprès des banques. Son élection au conseil général lui a coûté pas mal d'argent. Et il y a autre chose... Non, ce n'est pas ce que tu penses : qu'il me trompe, je le sais depuis longtemps et cela m'est égal. Mais j'ai appris récemment qu'il jouait gros jeu à son club. Dieu sait s'il a intrigué pour faire partie de ce club où il veut te faire entrer. Ç'a été sa perte.

– Horace va sans doute opérer un rétablissement, comme il l'a toujours fait, dit Hélie.

– Cette fois-ci, je crains que ce ne soit pas possible, dit Sophie.

– Voilà un autre sujet de préoccupation, en plus du divorce d'Héloïse.

– Nous ne manquons pas de sujets de préoccupation, cet été, aux Tilleuls, dit Sophie.

– Ni de sujets de conversation, dit Hélie.

– Tu as eu tort, Horace, de laisser Maman partir seule en ville, à six heures passées, dit Hélie. A son âge, c'est une imprudence. Il est huit heures et demie et elle n'est toujours pas rentrée... J'espère que Pinard n'aura pas eu d'accident. Il conduit comme un pied. Il y a longtemps que je dis qu'il ne faut plus le prendre.

– C'est mon frère qui n'arrive pas à avoir son permis de conduire! dit Héloïse d'un ton moqueur.

– On ne l'a jamais du premier coup, dit Hervé.

– D'ailleurs, continua Héloïse, pourquoi apprendre à conduire quand on a un chauffeur aussi charmant que Frédérique ?

– Ne trouvez-vous pas ce retard étrange? dit Hélie, se levant. Moi, si...

– Il n'y a pas lieu de s'inquiéter, dit Horace, Maman est allée voir sa cousine au couvent. Elle sera restée pour le salut.

– En prière, on ne se rend pas compte du temps qui passe, dit Héloïse.

– Surtout avec cette nouvelle « liturgie de la parole » qui étire les cérémonies de façon abusive. N'est-ce pas oncle Hélie ? dit Hervé.

– Je ne pense pas que la liturgie de la parole sévisse en dehors de la messe, dit Héloïse.

– Elle sévit surtout au parloir, dit Sophie.

– Et aussi dans notre famille, dit Héloïse.

La famille était réunie au salon, prête à passer à table.

– Ce retard est incompréhensible, dit Hélie.

– Cessez donc de vous poser des questions, dit Horace. Comme vous êtes impatients ! Toi, Hélie, toujours à t'inquiéter. Un peu de calme, je t'en prie.

– Il arrive tous les jours des centaines d'accidents, dit Hélie, mais on ne pense jamais qu'il puisse vous en arriver, à vous ou à l'un des vôtres.

– On ne vivrait pas, s'il fallait toujours penser à un accident possible, dit Horace.

– Il y a des gens qui manquent totalement d'imagination, dit Hélie. Sans doute sont-ils plus heureux ?

– Ils peuvent avoir une imagination qui ne va pas d'emblée au pire, dit Horace en déployant avec bruit le journal qu'il lisait, comme pour montrer l'agacement que lui procurait cette conversation et indiquer à tous ce qu'il convenait de faire en attendant.

– Je vais téléphoner, dit Hélie, quand cinq minutes se furent écoulées et il sortit dans le jardin.

– Où va-t-il ? dit Horace.

– Sans doute chez Catherine Bourdonnec.

– Pourquoi ne téléphone-t-il pas ici ? Catherine est très accueillante... Mais il est un peu tard pour aller la déranger... Enfin ! je suis heureux que mon frère et elle s'entendent bien. Je vais moi-même de temps en temps rendre visite à Catherine dans son magasin, dit Horace comme surpris, tout le premier, de la faveur qu'il accordait à l'antiquaire. C'est une femme remarquable. Elle a beaucoup de mérite.

– Voilà un compliment qu'elle n'aimerait pas, dit Sophie.

– Le mérite n'est pas incompatible avec le charme.

– Les femmes préfèrent que l'on souligne d'abord celui-ci, dit Sophie.

– Je faisais allusion à la façon dont elle a monté son affaire, après avoir perdu son mari.

– Dire d'une femme de l'âge de Catherine qu'elle a du mérite, c'est comme dire qu'elle a de beaux yeux, dit Héloïse. C'est-à-dire qu'elle n'est pas très jolie.

– Mais Catherine a de beaux yeux ! s'écria Horace.

– On va pouvoir tout de suite les admirer, dit Héloïse, regardant au-dehors. La voici avec oncle Hélie. Ils ont l'air très agités.

– Avez-vous appris la nouvelle ? dit Catherine entrant dans le salon où tout le monde se leva. On vient de l'apprendre à la radio.

– Il y a eu un attentat en ville, cria Hélie qui paraissait hors de lui. Une bombe a éclaté devant la poste. Il y a deux blessés... Maman est peut-être l'un d'eux ? C'est sûrement elle. Voilà l'explication de son retard. J'avais bien dit...

– Calme-toi, dit Horace. Qu'est-ce que cette histoire d'attentat ?

– Tu ne sais pas ce qu'est un attentat ? cria Hélie. Il y a des attentats partout dans le monde... Tous les jours ! Tous les groupes politiques, les groupuscules, les mouvements nationalistes jettent des bombes, tuent des gens. Tous les gens mécontents, ou qui ont à faire aboutir des revendications, se croient autorisés à jeter des bombes. Et d'ailleurs on les comprend, devant l'incapacité des dirigeants, la sottise de tes amis... La bombe est l'argument suprême! La violence est partout, est-ce que tu ne t'en serais pas aperçu?

– Nous avons appelé Pinard, dit Catherine, interrompant les considérations d'Hélie sur la violence. Il n'a pas vu Madame votre Mère à l'endroit où ils s'étaient donné rendez-vous, devant le couvent des Bernardines.

– Maman est sans doute toujours au couvent, dit Horace, sans conviction. Un attentat! dit-il, songeur. Mais qui? Et pourquoi? Ce pays est calme... Je vais aller voir.

– J'y vais aussi, dit Hélie.

– Ah! non, dit Horace, tu es trop agité. Je vais ramener Maman. Occupez-vous d'Hélie, dit-il à mi-voix à Catherine Bourdonnec, comme il quittait la pièce. Voyez dans quel état il est. Toi, viens, Sophie. Je peux avoir besoin de toi.

– Oh! mon Dieu, dit Ambroisine qui était entrée dans le salon et avait entendu la conversation. Pauvre Madame! Qu'est-ce qu'il lui est arrivé?

II

– Quel bel enterrement! dit Me Lintimé notaire. Que de monde! Il faut dire que Mme L'Héritier était très aimée dans le village... Nous la voyions souvent. Ma pauvre Charlotte l'aimait beaucoup. C'était une femme remarquable, et encore si alerte, en dépit de son âge...! J'ai été surpris de ne pas voir le curé archiprêtre de Saint-Edme. Il aurait pu se déplacer, vous ne trouvez pas? Une paroissienne qui avait tant fait pour les œuvres! Le préfet était là, c'était bien normal étant donné la situation d'Horace...! Dire qu'elle a vécu encore quatre ou cinq jours après l'attentat! Quelle épreuve pour les siens! Je me demande... Je me demande ce que va devenir cette belle propriété des Tilleuls... Il est probable que les héritiers... Enfin! n'est-ce pas... c'est ce que je crois, ne resteront pas dans l'indivision, qu'en pensez-vous?

– Cela fera une belle vente pour votre étude, dit Catherine Bourdonnec.

– Ce n'est pas ce que je voulais dire, déclara Me Lintimé, d'un ton choqué. Il serait triste de voir une famille si connue dans le pays, le quitter. Notez bien : ce ne sont pas les acheteurs qui manqueront. Je connais plusieurs personnes, enfin! qui seraient prêtes à...

– Vous voyez bien que vous songez à la vente.

– Non, non, dit Me Lintimé avec force. J'espère ne pas avoir à la faire. Mais la famille L'Héritier connaît mon dévouement à ses intérêts, et je peux...

– Je lui en ferai part, dit Catherine.

– Cet attentat, qui a causé la mort de notre chère amie, sait-on qui en est l'auteur ? Encore un crime des autonomistes.

– L'attentat n'a pas été revendiqué. Pourquoi voulez-vous le mettre au compte des autonomistes.

– Mais parce que ce sont eux qui...

– C'est la seule façon qu'ils aient de se faire entendre. Et de faire reconnaître leurs idées. Dans un pays qui ignore les droits des minorités, celles-ci n'ont d'autre recours que la violence.

– Je connais vos convictions, dit Me Lintimé. Je les respecte. Mais ne croyez-vous pas que des attentats aussi stupides, n'est-ce pas, au lieu de servir une cause, ne finissent par... Enfin ! dans une certaine mesure, par lui nuire. Ou, du moins...

– Il y a des pays qui n'ont obtenu leur indépendance que par des actions de cette nature.

– Ils étaient, n'est-ce pas, opprimés, dit Me Lintimé. Je veux dire qu'ils étaient...

– Nous sommes tous opprimés, dit Catherine Bourdonnec avec violence. Mes impôts ont encore été augmentés cette année. Et j'ai eu les polyvalents, ici, chez moi, pendant quinze jours... C'est bien simple, je n'ai plus qu'à fermer boutique.

– Je ne pense pas que c'est pour cela, enfin ! n'est-ce pas... que vous iriez jeter des bombes !

– Dites tout de suite que c'est moi qui suis coupable de l'attentat, dit Catherine Bourdonnec.

– Je ne dis rien de tel ! protesta Me Lintimé. Vous ne pouvez pas...

– Vous le laissez entendre. Il n'en faut pas plus aujourd'hui pour faire arrêter quelqu'un. Voici Hélie l'Héritier, dit Catherine Bourdonnec qui ouvrit la porte de son magasin, faisant tinter la clochette qui la surmontait. Il va peut-être vous dire les dispositions que compte prendre la famille.

– Cher ami, dit Me Lintimé, prenant dans ses deux mains la main que lui tendait le nouveau venu. Quelle triste épreuve ! Madame votre Mère, si vaillante ! Tout le monde, je dis bien tout le monde condamne cet odieux attentat. Ma pauvre Charlotte...

– Ce n'est pas l'attentat, dit Hélie.

– Comment ? dit Me Lintimé. Mais les journaux ont mentionné qu'une bombe avait éclaté devant la poste, je crois, à moins que...

– C'est exact, dit Hélie. Mais ma mère a dû voir la déflagration, d'ailleurs peu importante. Il s'agissait d'une petite bombe artisanale, qui n'a pas fait beaucoup de dégâts. Ma mère a couru comme tous les passants. C'est en courant qu'elle est tombée, a heurté le bord du trottoir et s'est blessée grièvement.

– On a beau jeu d'accuser des gens qui luttent pour leurs idées, dit Catherine Bourdonnec. C'est donc un accident de la circulation.

– C'est évidemment plus banal, dit Me Lintimé. – Il ajouta aussitôt, sans doute pour compenser ce que sa remarque pouvait avoir de désobligeant : – C'est-à-dire que c'est moins romanesque... Enfin, continua-t-il, comprenant qu'il s'enferrait, le résultat, n'est-ce pas, est le même, je veux dire...

Un silence suivit cette succession de remarques précipitées.

– La violence est partout, dit Me Lintimé, toujours volubile. Voyez ce qui se passe dans le monde. Cette montée, n'est-ce pas, de la colère, de la haine, on peut le dire, dans des pays où la démocratie existe, où l'individu peut s'exprimer, enfin! librement. La télévision...

– La télévision est aux ordres du gouvernement, dit Catherine Bourdonnec.

– Vous croyez? dit Me Lintimé d'un ton accablé.

– Asseyez-vous, Hélie, dit Catherine, désignant à son visiteur un fauteuil Empire orné de griffons en bronze dorés, style retour d'Égypte, dont la splendeur détonnait un peu au milieu du bric-à-brac du magasin. Me Lintimé, dit-elle, pense que vous allez vendre les Tilleuls et il a des acheteurs dans sa manche.

– Comment! s'écria Hélie! Il n'en est pas question. Qui fait courir ce bruit?

– Je n'ai rien dit de tel, dit Me Lintimé. Vous travestissez mes paroles, Catherine. J'ai simplement rappelé les services rendus par mon étude et qu'au cas...

– Il n'y aura pas de cas, dit Hélie avec force. Nous nous entendrons toujours entre frères et sœurs. Nous sommes une famille unie.

– Une famille modèle, certes. C'est ce que disait toujours ma pauvre Charlotte. Dites à tous les vôtres la part que je prends...

– Merci, merci, dit Hélie en se laissant tomber dans le fauteuil Empire, style retour d'Égypte. Ce vieux forban prépare ses timbres et ses tampons, ajouta-t-il, quand le notaire eut franchi la porte. Il n'est pas le seul oiseau de malheur à venir voler au-dessus des Tilleuls. Ma belle-sœur, ce matin, a reçu un coup de téléphone d'un agent immobilier offrant ses services. Les gens n'ont aucune pudeur.

– N'oubliez pas que vous avez déclaré vous-même que vous ne resteriez pas dans l'indivision. Pourquoi ne pas racheter leurs parts à votre sœur Hélène et à votre frère.

– Parce que je n'en ai pas les moyens.

– Il y a toujours la possibilité de trouver une aide financière. Moi-même, je pourrais... Cette propriété vous va si bien que ce serait trop triste de vous voir contraint de la quitter.

– J'ai toujours été frappé de l'intérêt que vous portez aux Tilleuls.

– On peut tomber amoureuse d'une maison.

– Et son propriétaire, qu'est-ce qu'on en fait ?

– On le prend avec.

– Ils auraient besoin, l'un et l'autre, de sérieuses réparations.

– C'est mon métier de réparer les meubles branlants.

– Ce qu'il y a de plus pénible, dans le malheur qui nous frappe, dit Hélie après un silence, c'est la sollicitude des gens et l'avalanche de lieux communs qu'il déclenche. A part vous, Catherine, je n'ai envie de voir personne.

– Cela me flatte. Mais de toute façon, à part moi vous ne voyez pas grand monde.

– Tous, aux Tilleuls, nous éprouvons le même besoin de solitude. Chacun cherche à imaginer en quoi sa vie va se trouver modifiée par cette épreuve. C'est la famille entière qui est atteinte, dans son unité comme dans son avenir. L'apitoiement des autres est une dérision... Je dois vous confier quelque chose, Catherine. Je suis la proie d'un remords incessant.

– Un remords ? A quel sujet ?

– C'est moi qui avais demandé à Maman de faire une course en ville. J'avais besoin de papier à lettres ! Je suis responsable de l'accident.

– Vous êtes fou ! Votre mère s'est chargée de votre commission. Mais, de toute façon, n'aurait-elle pas été en ville ? N'avait-elle pas une cousine au couvent des Bernardines, à qui elle rendait visite ?

– Non, non! c'est moi qui l'ai décidée. Elle avait oublié cette visite. Personne, aux Tilleuls, n'en sait rien, mais je ne cesse de me faire des reproches... Ah! Catherine, dit Hélie se levant, j'avais besoin de me confier à vous... Vous seule pouvez me comprendre. Et m'aider. Donnez-moi votre main. Vous savez combien je suis seul. Ici, plus encore que partout ailleurs.

– Je veux bien croire qu'à Paris vous ne l'êtes pas.

– Si, je le suis, dit Hélie.

S'approchant de Catherine Bourdonnec, il la prit dans ses bras, pouvant laisser croire qu'il cherchait à l'embrasser. Elle se serra contre lui.

– C'est étrange, dit-il d'un ton surpris, comme l'émotion suscitée par un grand malheur peut se transformer en une émotion toute différente.

– C'est ce que j'étais en train de me dire, dit Catherine. Et d'apprécier... Attendez, dit-elle se dégageant. Je vais fermer le magasin. Venez.

– Le matin de l'accident, j'ai parlé à ta grand-mère de sa cousine religieuse, dit Sophie. Je suis persuadée que c'est ce qui lui a donné l'idée de la voir. Je me sens responsable de ce qui est arrivé.

– Mamie allait voir sa cousine chaque été, tu le sais bien, Maman, dit Héloïse. Rappelle-toi : elle a longuement parlé d'elle avant le déjeuner, quand nous étions sur la terrasse.

– Oui, mais c'est moi qui lui avais rappelé son désir d'aller la voir. Je lui ai même proposé de l'accompagner, comme je l'avais fait l'an dernier. J'avais beaucoup aimé cette bonne sœur qui avait son franc-parler et se moquait de certaines religieuses n'ayant pas son expérience de la vie. Ta grand-mère m'a dit : « J'ai su qu'elle avait été malade, l'hiver dernier, et qu'elle se remettait mal d'une grippe. Elle attend sûrement ma visite. » C'est moi qui ai rappelé cette promesse à ta grand-mère. J'ai été l'instrument d'une fatalité. Cette pensée ne me quitte pas.

– Je t'en supplie, Maman, chasse ces idées noires.

– Je m'y efforce, dit Sophie avec un soupir. Et toi, Héloïse, que vas-tu faire ? Nous n'avons pas parlé de ce que tu m'as annoncé quand tu es arrivée il y a dix jours... Mon Dieu, dix jours déjà ! As-tu bien réfléchi ? Es-tu vraiment décidée à quitter ton mari ?

– Oui, Maman. Mieux vaut que tu le saches : j'ai un autre homme dans ma vie. Tu ne le connais pas. Il y a déjà un assez long moment que nous avons une liaison et Olivier est au courant.

– Et il l'accepte ?

– Il sait que Louis a besoin de moi. Mais Olivier, lui aussi, a besoin de moi. Je suis déchirée. D'ailleurs, je l'aime toujours.

– Lequel des deux ?

– Mais les deux ! Cette situation ne peut durer.

– Tu me dis qu'elle dure depuis longtemps.

– Sans doute. Mais Louis me veut toute à lui.

– Et tu es prête à lui sacrifier Olivier ?

– Non, enfin... Pas vraiment.

– Ton père a eu des paroles très dures quand je lui ai annoncé ta décision. C'est un choc pour nous. Nous te croyions heureuse.

– Je ne suis pas malheureuse.

– Alors, je ne te comprends pas.

– Je ne me comprends pas moi-même.

– Je ne comprends pas non plus ton mari, d'accepter une telle situation.

– Mais pourquoi ? Nous nous entendons très bien.

– Alors, pourquoi vous séparer ? Voilà ton père. Parlons d'autre chose.

– Je suis désolé de devoir rentrer à Paris et de vous laisser, dit Horace. J'espère que la présence de ma sœur Hélène ne te sera pas trop pénible, Sophie. Je sais que vous avez eu des dissentiments dans le passé... De toute façon, je ne pense pas qu'elle prolonge son séjour aux Tilleuls. A vrai dire, je ne m'explique pas qu'elle soit restée après l'enterrement, au lieu de partir avec son mari et ses filles... Elle a l'air de s'intéresser beaucoup à la propriété, au mobilier, au jardin... Est-ce qu'elle t'a dit quelque chose ? Enfin, j'espère que tout se passera bien. Moi, je dois partir. Je vois le ministre après-demain. Et il y a cette réception au Sénat, que je ne peux manquer. Je te laisse la voiture, Sophie. Occupez-vous d'Hélie, son exaltation m'inquiète comme s'il était le seul à souffrir de la mort de Maman.

– Quand pars-tu ?

– Mais ce soir. Tout de suite. Voilà Pinard qui vient me chercher pour m'emmener à la gare. Au revoir. Donnez de vos nouvelles. Toi, Héloïse... Non, j'aurais trop de choses à dire. Ne fais rien d'irréparable, c'est tout ce que je te demande. Et change de coiffure.

– Papa n'aime pas ma nouvelle coiffure ? dit Héloïse, quand le taxi se fut éloigné.

– Il préfère que tu changes de coiffure plutôt que de changer de mari. Voilà ton père : il s'est toujours attaché aux détails pour n'avoir pas à se préoccuper de l'essentiel... Tu as vu comment il parle de ton oncle Hélie : il le tient pour un rêveur. Mais lui aussi est un rêveur. Il applique son imagination aux affaires, ce qui est plus dangereux que d'écrire des romans. Il s'est créé un personnage de père de famille qui régente, décide, organise... C'est un rôle qu'il joue.

– Est-ce que ce n'est pas pourquoi un mari devient lassant ? dit Héloïse.

– Que veux-tu dire ?

– Eh bien ! On souhaite connaître un homme avec qui on n'ait pas à s'occuper de problèmes matériels, si ennuyeux. Avec qui l'on puisse parler d'autre chose. De ce qui vous intéresse vraiment.

– Mais, si tu quittes Olivier pour vivre avec lui, cet homme-là deviendra à son tour un intendant ennuyeux, délégué aux problèmes quotidiens de la vie de famille.

– Je n'y avais pas pensé. De toute façon, j'ai un choix à faire.

– Je ne vois plus ton oncle Hélie, dit Frédérique Passavoine.

– Tu t'intéresses beaucoup à mon oncle Hélie, dit Hervé. C'est la troisième fois que tu te plains de ne plus le voir.

– J'aime beaucoup son tour d'esprit. J'aime bavarder avec lui, quand il y consent. Je lui trouve du charme.

– Tu n'es pas la première à y avoir succombé.

– Cela ne peut qu'augmenter l'intérêt qu'il suscite. Il a cette petite lueur dans le regard.

– C'est donc que tu lui as plu. Quand les gens ne l'intéressent pas, son regard les traverse sans les voir.

– J'ai remarqué ces sortes d'absences...

– Il est difficile d'avoir avec lui une conversation sérieuse. C'est le reproche que je pourrais lui faire. J'ai essayé plusieurs fois de l'entraîner dans des discussions sur la politique, la littérature... Mais il fuit toujours. Il s'en tire en faisant une plaisanterie. D'ailleurs, il n'y a jamais une conversation sérieuse à la maison. Pendant les repas, quand

Mamie était là, on ne parlait que des fleurs du jardin, des arbres à émonder, de Ploche, des potins du village... Cela n'a pas changé. Jamais une idée. On ne voit les choses que par le petit bout de la lorgnette. Je suis certain que c'est pourquoi oncle Hélie paraît absent. Il s'ennuie avec nous.

– Heureusement que tu m'as.

– Si les gens refusent de parler des grands problèmes de la vie, il n'y a plus de contact possible, non ?

– Peut-être ton oncle se réserve-t-il pour Catherine Bourdonnec ?

– Oh! celle-là! Ils parlent d'antiquités et d'objets pendant des heures. De choses futiles... La mort de ma grand-mère a beaucoup affecté mon oncle. Il ne sort plus guère, sauf pour aller chez Catherine Bourdonnec. Nous nous demandons s'il ne va pas l'épouser.

– Mais ce n'est pas du tout la femme qui lui convient! s'écria Frédérique.

– Parce que tu sais quelle est la femme qui lui convient ?

– Certainement pas Catherine. C'est une femme autoritaire, intrigante. Et puis, elle n'est plus de la première jeunesse.

– Mon oncle, lui non plus, n'est pas de la première jeunesse.

– Justement, il lui faut une femme plus jeune, beaucoup plus jeune, qui lui redonne la joie de vivre, car il semble qu'il l'ait un peu perdue. Mme de Staël a aimé des hommes qui avaient près de trente ans de moins qu'elle.

– Au fait, comment va Mme de Staël ? Il me semble que tu la négliges, ces temps-ci.

– Je suis en vacances. Mais tu as raison, je suis ingrate envers elle. C'est grâce à elle que j'ai pu éviter d'aller me perdre dans la pampa. Mais je ne sais pas si je vais l'achever, cette thèse de troisième cycle sur Mme de Staël à Coppet.

Qu'est-ce que j'en ferais ? Je ne l'ai entreprise que pour pouvoir rester en France. De toute façon, je devrai rejoindre l'ambassadeur au début de l'année prochaine. Le président de la république doit faire un voyage en Amérique du Sud, et il faudra que je sois là pour le recevoir.

– J'ai un peu de mal à comprendre tes rapports avec l'ambassadeur.

– C'est un homme très discret, tolérant. Un excellent mari. Nous nous entendons très bien.

– Est-ce qu'il n'est pas un peu jaloux de Mme de Staël ?

– La jalousie est un sentiment vulgaire, indigne d'un ambassadeur.

– Alors je ne serai jamais ambassadeur, dit Hervé.

– Tu es jaloux ? Mais de qui ?

– Je suis un peu jaloux de mon oncle. Je me demande si ce n'est pas lui que tu cherches à séduire en me voyant.

– Ce serait un service à lui rendre, pour le soustraire à l'emprise de Catherine Bourdonnec.

– Quel est mon rôle dans cette opération de sauvetage ?

– Tu n'as pas à te plaindre, il me semble, de la place que tu occupes auprès de moi. Eh bien, fais quelque chose ! Embrasse-moi... Mieux que cela... !

– Qu'est-ce qui te plaît chez un homme beaucoup plus âgé que toi ? dit Hervé, reprenant souffle.

– Les attentions qu'il a pour vous. Sa fragilité. Sa patience.

– Mais alors, qu'est-ce qui te plaît en moi ?

– Ton impatience.

– Nous sommes très honorés et très heureux que tu prolonges ton séjour parmi nous, Hélène, dit Hélie. Mais un peu surpris, tout de même ! Ton mari et tes filles ne te réclament-ils pas ? Ou bien y a-t-il quelque chose, dans cette maison, que tu cherches depuis dix jours, depuis l'enterrement de Maman, et que tu ne trouves pas ? Je t'entends aller et venir sans arrêt dans la maison.

– Maman m'avait dit avoir rédigé un testament dans lequel elle répartissait entre nous quelques objets et quelques meubles, dit Hélène. Je ne le trouve pas. Je me demande si on l'a fait disparaître.

– Voilà donc la cause de cet air suspicieux avec lequel tu nous regardes.

– Hélie ! dit Sophie d'un ton de reproche. Ne dites pas de telles choses... Je comprends le souci d'Hélène de retrouver ce testament, s'il y en a un !

– Il y en a peut-être plusieurs, dit Hélie. Peut-être les a-t-elle confiés à Lintimé ?

Hélène était la sœur aînée d'Horace et d'Hélie. Elle était, comme eux, grande et forte et la « fossette L'Héritier » creusait son menton. Elle était mère de deux filles Édith et Florence qui avaient chacune deux enfants. Hélène les recevait pendant les vacances, dans une propriété aux environs de Brest : la distance entre le Boismeur et les Tilleuls était trop grande pour que les visites fussent nombreuses.

– Maman aurait été heureuse si tu avais ainsi séjourné aux Tilleuls de son vivant, dit Hélie. Il est vrai que vous ne vous entendiez pas très bien...

– Nous savons que tu étais le préféré de Maman, dit Hélène. Mais nous l'aimions tous et éprouvons tous le même chagrin. Si j'ai eu autrefois des dissentiments avec Maman, la peine qu'elle a pu en ressentir n'est rien à côté de celle que lui a causée ton divorce.

– Mon divorce ne regarde que moi.

– De grâce ne nous disputons pas, dit Sophie. Vous pouvez rester dans cette maison le temps qu'il vous plaira, Hélène. J'espère que vous trouverez ce testament.

– Et le plus tôt possible, dit Hélie, se levant. Tu n'apportes ici, Hélène, que le trouble et la mauvaise humeur, ajouta-t-il en quittant la pièce.

– Ne faites pas attention, dit Sophie. Hélie a été très éprouvé. Ses paroles dépassent sa pensée.

– Inutile de le défendre, dit Hélène. Je sais que vous vous êtes toujours *très bien* entendus, tous les deux. Je ferai ce que je croirai devoir faire. Personne ne me dictera ma conduite. D'ailleurs, dit-elle en jetant un regard autour d'elle, je ne suis pas fâchée d'avoir vu de plus près l'état de la maison et de certaines pièces du mobilier. Ces fauteuils ont besoin d'être réparés... La bergère perd ses crins, la soie qui la recouvre est déchirée, il faut la changer. La commode qui est dans ma chambre a perdu l'un de ses bronzes d'angle et l'une de ses poignées. Elle est très belle, on ne peut la laisser dans cet état. Il va falloir que je m'occupe de cette maison et de ce qu'il y a dedans, puisque l'on ne s'en est guère soucié. Car enfin, tout cela m'appartient aussi. Maman était trop âgée pour s'occuper de ces choses... Quant à Hélie, pourvu qu'il ait ses livres! Là-dessus je vais me coucher. Bonsoir Sophie.

– Bonsoir Hélène.

– Elle est partie? dit Hélie réapparaissant.

– Elle est montée dans sa chambre. Elle a trouvé le moyen de me lancer une flèche. J'avais oublié combien elle peut être méchante : elle a fait une allusion à notre entente à tous les deux... Elle dit que la propriété est en mauvais état, la maison mal tenue... Qu'elle en est aussi propriétaire... Elle aurait des vues sur les Tilleuls que je ne serais pas surprise.

– Jamais Horace ne lui laissera mettre la main sur cette maison.

– Oh! lui, dit Sophie d'un ton amer. Je ne crois pas qu'il puisse en ce moment s'opposer à quoi que ce soit.

– Tu as déjà fait allusion aux difficultés que rencontrerait Horace. Me caches-tu quelque chose?

– Horace m'a toujours laissée dans l'ignorance de ses affaires. Sans doute me jugeait-il trop sotte pour y comprendre quelque chose. Au début, j'ai essayé de m'y intéresser, de lui poser des questions. Il y a longtemps que j'ai renoncé. Mais je suis inquiète.

– Vous ne vous entendez plus, c'est évident, Horace et toi. Ah! si tu m'avais écouté.

– On ne divorce pas pour épouser le frère de son mari. Pas dans une famille comme la tienne.

– Je reconnais que les choses ne sont pas simples dans cette famille. Mais tu as gâché notre vie à tous les deux.

– Tu sais pourquoi j'ai agi comme je l'ai fait. Pour ta mère, entre autres. Ton divorce l'avait tellement déçue.

– Ne me répète pas ce que vient de me dire ma sœur. Tu es là, heureusement, dit Hélie avec une émotion soudaine. Je sais combien tu aimais Maman, toi aussi. Nous nous aiderons, nous nous soutiendrons. Sans toi, que deviendrais-je?

– Tu as Catherine Bourdonnec.

– Catherine ne compte pas, tu le sais bien.

– Je t'en prie, Horace! Ne cherche pas à donner le change. Tu es tout le temps fourré chez Catherine. Eh bien! permets-moi de te donner un conseil : méfie-toi d'elle. C'est une intrigante. Elle ne te fera pas de bien. Elle... Oh! dit Sophie dissimulant mal son amertume, cela me fait de la peine. Pour toi... Pardonne-moi!

– Je suis très touché de ta sollicitude, dit Hélie, mais...

– La mort de Mère a bouleversé les rapports que nous avions les uns avec les autres. C'est étrange, il y a des préoccupations que nous avions qui ont disparu de notre esprit, en passant au second plan... J'étais un peu soucieuse de voir Hervé amoureux de Frédérique et lui courir après.

– Il me semble que c'est plutôt le contraire ! C'est elle qui lui court après.

– Que peut trouver une fille comme Frédérique, qui m'a l'air d'avoir eu pas mal d'aventures, à un garçon comme Hervé, encore un enfant par bien des côtés.

– C'est peut-être un instinct maternel refoulé qui pousse Frédérique à s'intéresser à lui ?

– Je ne vois pas le bien qu'elle peut lui faire, dit Sophie.

– Moi, je le vois très bien, dit Hélie en éclatant de rire.

– Ma sœur Hélène vient de revenir, dit Hélie. Pendant toutes les vacances, elle a fait ainsi un va-et-vient entre sa propriété du Boismeur et les Tilleuls. Elle cherche un testament de ma mère. Cela va faire deux mois, nous sommes bientôt en octobre, qu'elle le cherche. Elle n'arrête pas de faire des remarques désobligeantes sur tout : l'état des meubles entre autres. Elle veut sans doute s'en attribuer les plus belles pièces. Mais il y a Horace. Et il y a moi !

– Je n'ai pas vu Horace depuis son départ, au lendemain de l'enterrement, dit Catherine Bourdonnec. Il me semble qu'autrefois, il venait de temps en temps pendant l'été.

– Cette année, il n'est pas revenu... En réalité, commença Hélie d'un air gêné, il est en voyage... Eh bien ! dit-il comme pour se délivrer d'un poids, tu l'apprendras de toute façon, un jour ou l'autre : Horace, sans prévenir personne, même pas sa femme, est parti pour New York. Depuis, nous sommes sans nouvelles de lui. Ma belle-sœur n'était pas au courant de ce voyage qui nous étonne... C'est-à-dire, ce qui nous étonne, c'est le silence de mon frère. Mais ne parle pas de cela, Catherine, je t'en supplie. A personne. Surtout pas à cette vipère de Lintimé. Je te dis cela, à toi qui es ma grande, ma seule amie, chère Catherine.

– Arrête! dit Catherine. Des clients peuvent entrer. Laisse-moi fermer la porte. Et assieds-toi. Écoute-moi.

Hélie se laissa tomber dans le fauteuil aux griffons, style retour d'Égypte.

– Je ne veux pas diminuer le prix que j'attache à cette confidence, cher Hélie. Mais des bruits courent dans le village, au sujet de ton frère. Lintimé serait à l'origine de ces bruits, que je n'en serais pas surprise.

– Quoi! s'écria Hélie, que dit-on? Que raconte ce forban?

– Ce forban laisse entendre que ce n'est pas à lui que conviendrait cette épithète, dont il a su que tu le gratifiais, mais à ton frère.

– Comment cela? On colporte des horreurs et tu ne m'en informais pas? Est-ce là l'attitude d'une amie?

– Qu'est-ce que je fais, en ce moment? dit Catherine. Ne me dis pas que ta belle-sœur, que tu aimes tant, et toi, ne vous doutez de rien? Elle sait sûrement, la chère Sophie, de quoi il retourne. Qu'elle ne t'ait rien dit m'étonne... Je vous croyais plus proches.

– Mais je ne sais rien! Je t'assure que je ne sais rien!

– Tu sais tout de même que ton frère a fait de mauvaises affaires et qu'il est sur le point d'être saisi. On a aussi parlé dans les journaux d'une commission d'enquête pour étudier les comptes de certains élus... Est-ce pour éviter d'avoir à comparaître devant elle qu'Horace aurait pris la fuite? Et ne joue-t-il pas gros jeu?

– Sa femme m'a dit qu'en effet il jouait à son club. Mais ce club est bien fréquenté, je peux même dire très fermé... Enfin, c'est un club sélect!

– Je n'en doute pas puisque Horace en fait partie. Sélect ou pas, il paraît qu'il y a perdu de fortes sommes.

– Je suis atterré... Comment n'ai-je rien su de tout cela ?

– C'est souvent ce qui se passe dans une famille : ses membres sont les derniers informés de ce qui arrive aux uns et aux autres. Quand leur parviennent, par l'entremise d'un tiers, des révélations comme celles que je te fais, elles leur sont encore plus pénibles.

– Ma belle-sœur sait-elle des choses qu'elle m'a cachées ?

– Si ce que j'ai entendu raconter est vrai, elle a de fortes raisons d'être inquiète... Tu pars sans avoir pris ton whisky ?

– Pas de whisky, ce soir... Non, non, je dois rentrer. Merci, pas de whisky, dit Hélie en ouvrant la porte du magasin.

– C'est pourtant ce soir que tu en aurais eu besoin, dit Catherine.

– Depuis quelques jours seulement, j'ai réalisé l'étendue de la catastrophe, dit Sophie. D'abord, j'ai été surprise quand j'ai appris qu'Horace n'avait pas reparu à son bureau fin juillet et qu'il était « en voyage ». J'ai cru, je ne te le cache pas, à une aventure galante, ça n'aurait pas été la première. Et puis j'ai reçu un coup de téléphone d'un ami d'Horace, un membre de son club, qui m'a dit qu'Horace avait disparu. Le président de son parti m'a aussi téléphoné. Et il semblait très soucieux. Il m'a parlé d'une commission d'enquête devant laquelle Horace devait comparaître, à la fin des vacances. Depuix dix jours, je reçois des factures, des notes impayées que l'on fait suivre ici. Qu'est-ce qui a précipité les choses ? Je pense que ce sont ses affaires immobilières. Il a acheté des propriétés avant d'avoir vendu celles dont il pensait se débarrasser avec un gros bénéfice. Pour faire face à ses engagements, il a dû faire des emprunts. Emprunts relais, c'est le nom qu'on leur donne, à des taux usuraires. Il n'a pas pu rembourser à temps. Il a cru, parce qu'il avait un notaire complaisant, que les choses s'arrangeraient. Ça n'a pas été le cas. Voilà à peu près, je pense, ce qui a dû se passer. Ce n'est pas d'aujourd'hui que je m'aperçois qu'Horace fait des dettes. Il y a chez lui une curieuse incapacité à les payer. Il croit sans doute faire beaucoup d'honneur aux fournisseurs à qui il accorde sa pratique. Tu connais l'un de ses axiomes favoris : « Le philosophe se laisse habiller par son tailleur... »

– ... « Et il ne le paie pas », acheva Hélie d'une voix lugubre.

– Il n'y a pas que son tailleur à être victime de cette philosophie. Il va jusqu'à en faire profiter le jardinier, à qui il lui est arrivé d'emprunter trois ou quatre cents francs, qu'il oublie de lui rendre. Le jardinier, avec beaucoup d'humilité, réclame son dû et c'est souvent moi qui le rembourse. Chaque été, Horace laisse des comptes impayés chez les commerçants du village. Heureusement que je passe après lui dans toutes les boutiques.

– Peut-être le sait-il ?

– Il le sait, mais c'est tout juste s'il ne me reprocherait pas de régler ses dettes. Il verrait très bien les commerçants afficher sur leurs boutiques : « By appointment to Horace L'Héritier », comme font les fournisseurs de la cour d'Angleterre.

– J'ai constaté depuis longtemps, depuis notre enfance à vrai dire, qu'Horace ne connaissait pas la valeur de l'argent. Mais je pensais qu'il s'agissait d'oublis... Et de dettes minimes.

– Les petits ruisseaux font les grandes rivières.

– Mais où en est-il ?

– En plein océan. Ce sont maintenant des factures importantes que je reçois. Il n'a pas dû payer ses impôts depuis plusieurs années. Ni les parts de copropriété de notre immeuble parisien. Le gérant téléphonait sans arrêt avant que nous partions. Mais toi-même, Hélie, est-ce qu'il ne t'a pas tapé ?

– Il m'a emprunté deux cents francs, au début des vacances, pour payer l'essence de sa voiture.

– Qui n'est pas payée, dit Sophie.

– Tout cela est à peine croyable, dit Hélie. C'est un malentendu ! Horace va revenir et il expliquera cette légèreté inconcevable.

– Il n'expliquera rien. Et ce que tu appelles de la légèreté, c'est de l'escroquerie.

– Je ne peux pas te croire. Je suis sûr que les choses s'éclairciront et que la situation d'Horace va se rétablir. Qu'allons-nous devenir, Sophie ? Que va devenir notre famille, cette maison, dont Maman était l'âme ?

III

– Vous rappelez-vous cette conversation, il y a deux ans, il faisait un temps superbe comme aujourd'hui, où Mère avait évoqué ses souvenirs de jeunesse, les soirées musicales chez sa cousine Léontine qui chantait les mélodies de Duparc, accompagnée au piano par son mari ?

– Elle disait : « Quelles belles soirées nous avons eues alors ! Comme la vie était agréable avant la guerre ! » C'était ce qu'elle disait.

– Comment, déjà, cette mélodie ? dit Hervé. « *Mon enfant ma sœur/Songe à la douceur...* » C'est elle qui avait raison, oncle Hélie. C'est très beau.

– Et maintenant elle n'est plus là et sa cousine Léontine elle aussi est morte, l'hiver dernier. Les Tilleuls ne seront plus jamais les mêmes sans Mamie.

Un long silence suivit cette phrase d'Héloïse et chacun sembla se recueillir pour penser à la disparue.

– Et Horace, qu'est-il devenu ? dit Hélène. Quand je pense qu'il n'a pas donné signe de vie depuis la mort de Maman. Quelle honte pour la famille ! Quand je me souviens des vacances d'autrefois, la joie qui régnait dans cette maison, du temps de mes grands-parents ! Quelle tristesse !

– Ta présence parmi nous, Hélène, peu habituelle, ne

contribue pas à rendre l'atmosphère plus gaie, dit Hélie. Tu ne venais jamais aux Tilleuls pendant l'été, même quand Maman était là. Est-ce toujours au recensement du mobilier, des tableaux, des quelques objets qui s'y trouvent que tu es venue te livrer ? As-tu enfin découvert le testament ?

– Cette maison, puisque tu en parles, va poser des problèmes, dit Hélène. Raymond me l'a dit. Il n'est plus disposé à payer des charges importantes, comme nous le faisions quand Maman était en vie.

– Tu en parles à ton aise, dit Hélie. Ni toi, ni ton mari, ni tes enfants n'êtes jamais venus aux Tilleuls qu'en passant. Je comprends que vous vouliez vous en débarrasser. De toute façon Horace aura son mot à dire !

– Comment ! dit Hélène, voilà plus de deux ans que nous ne savons rien de lui ! Je préfère ne pas répéter ce que j'ai entendu dire à Paris à son sujet. Nous n'aurons nul besoin de son avis.

– Ton attitude est révoltante, s'écria Hélie avec emportement. Tu te désolidarises de nous tous. Tu nous renies. Toi et ton mari n'avez jamais participé aux joies et aux peines de la famille. Tes filles... ! Je crois bien ne pas les avoir vues, ni l'une ni l'autre, depuis deux ans !

– Hélie, je vous en prie, dit Sophie.

– Laissez-le, dit Hélène d'une voix méprisante. Ce que dit mon frère ne m'impressionne pas. C'est l'aigreur d'un homme qui a été incapable de fonder sa propre famille. Car c'est cela, mon pauvre Hélie. Qu'as-tu fait de ta vie ? Tu te retrouves seul, au seuil de la vieillesse. Tu n'as pas eu les succès que tu escomptais. Tu es amer. Tu es un raté.

– Hélène ! cria Sophie. Comment pouvez-vous... ! Ce que vous dites est indigne.

– Je m'en vais, dit Hélène. Consolez-le, ma chère. Il vous consolera d'avoir perdu votre mari. Consolez-vous tous les deux. Il n'y a plus rien entre nous et je suis bien aise de quitter cette maison.

– Pas autant que nous de t'en voir partir, dit Hélie.

– Rassurez-vous, je reviendrai, dit Hélène.

– Tout l'hiver, j'ai vu des papiers arriver à la maison comme l'an dernier. Des enveloppes qui me paraissaient grosses de menaces, dit Hervé. J'ai entendu des coups de téléphone. J'ai vu combien Maman est soucieuse. Tu as de la chance, toi, Héloïse, de vivre en dehors de tout cela. Je n'ai qu'une envie, moi aussi, c'est de m'en aller. Puisque Maman vend l'appartement et déménage, je vais me tirer. J'ai hâte d'être libre, de voyager, de connaître le monde.

– Maman t'a-t-elle donné une explication de la disparition de papa ? dit Héloïse.

– Pas un mot. Et je n'ai rien demandé, de peur d'apprendre des choses que je ne tiens pas à savoir. Je suppose que Maman n'a pas voulu me troubler dans mes études... De toute façon, papa était absent de plus en plus souvent. Il prenait presque tous ses repas dehors. Sa disparition ne change pas grand-chose.

– Elle est tout de même extraordinaire, dit Héloïse. Il est peut-être mort ?

– Sûrement pas. Je crois qu'un ami de papa l'a rencontré au Canada, il n'y a pas longtemps.

– Que va devenir Maman ? Je sais qu'elle cherche du travail. Peut-être va-t-elle vivre avec oncle Hélie ?

– Que dirait Catherine Bourdonnec ? Catherine n'est pas une femme que l'on puisse plaquer facilement.

– Parce que tu crois qu'oncle Hélie et Catherine... ?

– Ne fais pas l'innocente, dit Hervé. Tout le monde le sait dans le village.

– Oncle Hélie a toujours aimé les antiquités.

– Je crois qu'oncle Hélie a aimé Maman, autrefois. Nous avons peine à imaginer que nos parents ont été jeunes, qu'ils ont aimé, qu'ils ont eu des aventures, eux aussi.

– Je doute qu'elles aient été aussi nombreuses que les tiennes, dit Hervé.

– Et Frédérique ? dit Héloïse. Ne vient-elle pas cette année ? Est-ce son absence qui te rend si maussade ? Tu ne sors plus ; tu passes tes journées à lire ; j'ai pitié de toi, mon pauvre Hervé.

– Frédérique a dû rejoindre son mari, au mois de janvier.

– Et tu te morfonds à attendre son retour ? Ne prends pas cet air furieux, Hervé. Je peux bien te taquiner un peu.

– Tu ne t'es jamais privée de le faire ! Je sais que l'on ne voyait pas d'un très bon œil mon amitié avec Frédérique. Elle-même avait remarqué la froideur de la famille à son égard. Elle en souffrait. Et moi aussi, j'en ai souffert. Vous ne vous êtes jamais demandé si l'hostilité que je ressentais auprès de vous m'était pénible. Eh bien oui, j'ai été malheureux du départ de Frédérique et je pense toujours à elle.

– Cela n'est guère raisonnable, dit Héloïse.

– Es-tu raisonnable, toi, dans ta vie sentimentale ? J'aime Frédérique. Je veux faire ma vie avec elle. Je sais : il faut que j'aie une situation... Mais quoi ? Comment ? Je ne serai jamais ambassadeur ! Que faire aujourd'hui, avec un vague diplôme de droit ? Plus rien n'est possible pour les hommes de ma génération !

– Je te plains si tu as cru que Frédérique pouvait s'attacher à toi de façon durable. Elle est mariée ! Et elle vit à l'autre bout du monde.

– Elle doit rentrer bientôt en France. Peut-être même viendra-t-elle ici à la fin septembre.

– Je te conseille de te distraire en l'attendant.

– Je comprends ta mélancolie, cher Hélie. Cette maison est pleine de souvenirs que tu remâches sans cesse. Vis un peu dans le présent ! dit Catherine Bourdonnec. Et Horace ? Toujours en voyage ? C'est un long voyage. Je t'ai dit ce que l'on racontait dans le pays au sujet de ses affaires.

– On a raconté beaucoup de choses, dit Hélie. Ne peut-on respecter le malheur d'une famille ?

– Avoue que vous êtes singulièrement avare de renseignements, dans votre famille. Quel manque de confiance dans les gens !

– Pourquoi faire confiance aux gens ?

– Je veux dire : compter sur leur sympathie.

– La sympathie que l'on montre aux autres n'est que de la curiosité... Pardonne-moi, Catherine. Naturellement, ce que je dis là ne te concerne pas. Je suis désespéré, voilà la vérité. Absente, ma mère est toujours présente. Et parce que tout, ici, l'évoque ; que je ne peux pas me promener dans le jardin sans croire qu'elle va surgir au tournant d'une allée ; que je ne peux pas voir un massif de fleurs sans me rappeler que c'est elle qui les a plantées, sa présence m'envahit à la mesure même de son absence. Il y a eu des journées où je ne la voyais pas en dehors des repas, où je ne lui adressais pas deux mots. À présent, je pense à elle, je pourrais dire sans arrêt. C'est elle qui nous maintenait tous ensemble. J'assiste à la désunion d'une famille, à son naufrage. Le bonheur s'en est retiré. Je ne peux pas te dire ce qui s'y passe.

– Est-ce si grave ?

– C'est sordide. Enfin, c'est comme dans toutes les familles.

– J'ai fait un détour en me rendant au Boismeur pour vous dire bonjour, dit Édith.

– C'est très aimable à toi, dit Hélie. Tu ne nous avais pas habitués à tant de gentillesse. Comment vont tes parents? Comment va ma chère sœur?

– Maman est rentrée au Boismeur bouleversée, l'autre jour, dit Édith. Je ne sais ce qui s'est passé. Mais, oncle Hélie, il faut l'excuser. Tu sais qu'elle ne pense pas tout ce qu'elle dit.

– Ta mère a eu des paroles malheureuses, dit Sophie.

– Je vous demande pardon en son nom, dit Édith.

Édith était la fille aînée d'Hélène. Sans doute était-elle « du côté » de son père et de la famille de celui-ci, car elle ne ressemblait pas à sa mère; son menton n'était pas creusé de la fameuse fossette : il avait fallu en convenir au cours de conversations où le problème des ressemblances physiques et morales, capital dans la famille L'Héritier, avait été agité.

– Il y a longtemps que je n'étais venue aux Tilleuls, dit Édith. J'avais oublié combien la maison est jolie et combien de belles choses elle contient. Les beaux meubles sont à des prix inabordables. Notre appartement est presque vide. Mais Robert préfère attendre d'avoir les moyens d'acheter des choses de qualité. Je suis sûre que tu lui donnes raison, oncle Hélie. Ah! si Robert voyait tout ce qu'il y a ici! C'est dingue!

– Qu'il vienne nous rendre visite, et il le verra, dit Hélie.

– Ta cousine sera heureuse de te revoir, dit Sophie.

– Héloïse est là! s'écria Édith. Quelle chance! Est-ce qu'elle divorce toujours?

– Que dis-tu? Qui t'a parlé d'un divorce? dit vivement Sophie.

– Mais, toute la famille est au courant. Tous ses amis...

– Héloïse ne divorce pas, dit Sophie d'un ton outragé. Il y a peut-être eu des malentendus entre elle et Olivier, mais rien de grave qui puisse conduire à un divorce.

– On est toujours prêt à accueillir les nouvelles les plus désagréables, dans cette famille, dit Hélie.

– Je me réjouis de la bonne entente entre Héloïse et son mari, dit Édith.

– Tu ne t'en réjouis pas, mais cette bonne entente existe, dit Sophie.

– Oncle Horace est-il là ?

– Il est en voyage, tu le sais très bien, dit Hélie.

– Je vais voir la chambre de Mamie, dit Édith. Je m'y reposerai un moment, car le voyage m'a fatiguée. Et j'ai encore une longue route à faire avant d'arriver au Boismeur.

– Que penses-tu de cette visite ? dit Sophie à son beau-frère, une heure plus tard, comme ils se retrouvaient pour prendre le thé. Édith s'est promenée dans toute la villa. Je l'entendais aller d'une chambre à l'autre, comme si elle se livrait à une inspection. Héloïse, qui l'a rejointe un moment, m'a dit qu'elle n'arrêtait pas de faire des remarques sur les meubles, les bibelots, les tableaux, s'extasiant sur leur beauté, leur valeur... N'est-ce pas étrange ?

– Leur valeur ? dit Hélie. Elle est bien relative.

– Il faut que je t'apprenne une chose, que j'ai oublié de te dire. L'autre jour, après le départ d'Hélène, je me suis aperçue de la disparition d'une « ménagère » qui se trouvait dans le buffet de la salle à manger. C'est une grande boîte en bois, capitonnée, contenant des couverts en argent assez beaux dont on ne se servait pas souvent. J'ai cherché partout où on aurait pu ranger cette boîte. Je ne l'ai pas trouvée. Et je me suis demandé...

– Crois-tu qu'Hélène l'aurait prise ? Cela n'est pas impossible. Elle doit estimer que, puisqu'elle veut sortir de l'indivision, chacun peut se servir et prendre une pièce du mobilier, ou un objet... Mais faire cela sans une entente préalable entre nous est inadmissible ! C'est du vol ! De quel droit... ? Ça ne se passera pas comme cela. Je lui demanderai des comptes à sa prochaine visite.

– Mais, dit Hélie en entrant au salon, le soir de ce même jour, je ne vois pas la terre cuite sur la cheminée. Je l'aimais beaucoup. Elle me faisait penser à Mme Récamier. Sophie, l'as-tu changée de place ?

– Édith l'a prise, dit Héloïse. J'étais avec elle et, au moment de partir, elle a pris dans sa voiture un sac de voyage vide et de vieux journaux, elle est revenue au salon, elle a enveloppé le buste dans les journaux et l'a mis dans le sac. Elle m'a dit que Mamie autrefois lui avait promis ce buste. « Robert va être fou de joie, lui qui aime tant les belles choses ! » m'a-t-elle dit. Je croyais...

– Tu aurais dû l'en empêcher, dit Sophie. Ou aller prévenir ton oncle.

– Je croyais que vous étiez au courant.

– Quelle audace ! s'écria Hélie. Le buste en terre cuite après les couverts en argent ! Et la sœur d'Édith qui a annoncé sa visite pour la semaine prochaine ! Que va-t-elle emporter à son tour ? Si elles continuent, ces fourmis ouvrières vont finir par vider la maison. C'est un pillage ! C'est le sac du Palais d'été !

– Je suis désolée, dit Héloïse.

– Je me demande si nous ne devrions pas nous servir, à notre tour, avant que tout disparaisse sous notre nez, dit Hélie. Sophie, choisis ce qu'il te plaît.

– Je me moque bien de tous ces objets, dit Sophie, au

point où j'en suis! Je déménage et je vends l'appartement, je te l'ai dit. Heureusement, il était à nos deux noms. La vente paiera les frais de copropriété qui n'ont pas été payés, les arriérés d'impôts, quelques dettes... Là où je vais m'installer, je n'aurai pas de place pour mes propres meubles, ce n'est pas le moment d'en prendre d'autres.

– Qu'est-ce qui a disparu, cette fois-ci ? dit Hélie, après le départ de sa nièce Florence, huit jours plus tard.

– Les flambeaux qui étaient sur la cheminée, et les assiettes en vieux Limoges, dit Sophie. Elle nous en a laissé quelques-unes pour que nous puissions prendre nos repas.

– Elle est trop bonne. Nous aurions pu acheter des assiettes en carton.

– Cela a été fait si habilement, que je ne me suis aperçue de rien, dit Sophie.

– Qu'Héloïse prenne ce qui lui plaît, quand elle reviendra de son voyage, dit Hélie. Au fait, où est-elle allée ?

– Retrouver un ami, dit Sophie. Elle rentre ce soir.

– Qui est cet ami ?

– Je l'ignore. J'ai peur qu'il ne s'agisse de cet homme dont elle m'a parlé souvent. Je crois qu'elle n'a pas cessé de le voir.

– Olivier est-il au courant ?

– Je crois que oui. De toute façon, je le saurai bientôt. La voilà. Je n'aime pas beaucoup la voir rouler par ce mauvais temps.

– Ma petite Maman, dit Héloïse en claquant la porte de sa voiture et en se précipitant dans le salon, j'ai besoin de toi.

Elle se jeta dans les bras de sa mère en pleurant.

– Qu'y a-t-il ? dit Sophie. Pourquoi ces larmes ?

– Ce n'est rien, dit Héloïse. Ne fais pas attention... Mais je viens de vivre des moments difficiles. J'ai éprouvé des émotions fortes.

– Les émotions ne nous manquent pas, aux uns et aux autres, dit Hélie.

– Tiens, dit Héloïse, les flambeaux ont disparu ? Il n'y a plus rien sur le manteau de la cheminée, cela fait un peu vide, vous ne trouvez pas ?

– C'est le nettoyage par le vide, dit Hélie. Ta cousine Florence, qui est venue en ton absence, s'est approprié ces flambeaux.

– Maman, dit Héloïse quand elle fut seule avec sa mère, je vais encore te décevoir. Je quitte Olivier. Cette fois-ci définitivement.

– Tu veux dire, jusqu'à ce que tu le reprennes ?

– Ne te moque pas de moi. Je sais que je peux paraître incohérente.

– Disons versatile.

– Mais je ne peux rien contre mes sentiments. Quand je revois Louis, je suis reprise par lui. Personne ne peut lui résister.

– Parce que vous êtes plusieurs dans ce cas ? dit Sophie. Comme tu ne me l'as pas fait connaître, je suis incapable d'apprécier ses qualités. Elles sont sûrement exceptionnelles.

– Oh ! non, dit Héloïse. Par bien des côtés, il ne vaut pas Olivier. Et j'ai aussi besoin d'Olivier ; je ne sais pas comment je pourrai me passer de lui.

– Tu m'as déjà raconté tout cela. Vous vous entendez très bien tous les trois, si j'ai compris : c'est une situation classique de vaudeville.

– Je souffre vraiment, dit Héloïse, d'une voix modeste, comme si elle était la première étonnée par l'intensité de ses passions contradictoires.

– Je n'en doute pas, dit Sophie. Mais tu es la seule à pouvoir dénouer cette situation.

– Je voudrais les garder tous les deux. Mais nous ne pouvons vivre à trois : l'appartement est trop petit.

– C'est en effet une raison majeure, dit Sophie. Peut-être ton fils Pierre pourrait-il s'étonner d'une telle cohabitation ?

– Oh ! il est au courant, dit Héloïse.

– Dans ce cas... ! dit Sophie en quittant la pièce, tandis qu'Hervé y entrait.

– Je crois que Maman me désapprouve, dit Héloïse. D'ailleurs, on ne peut pas être compris de sa famille. Mais toi, tu me comprends, Hervé. Je vais quitter Olivier. C'est lui le plus fort et qui souffrira le moins. Oh ! je le verrai toujours... Nous resterons amis. Je vais rentrer à Paris lui annoncer ma décision.

– Tu emportes aussi quelque chose ? dit Hervé.

– Que veux-tu que j'emporte ? Je vais devoir chercher un appartement, je ne peux pas mettre Olivier à la porte du sien. Évidemment, il faudra le meubler, car Louis n'a rien. Les fauteuils du salon auraient bien fait mon affaire, mais ma voiture est trop petite.

– Je crois qu'ils sont signés, ces fauteuils, dit Hervé en renversant l'un des sièges pour y chercher la griffe de l'ébéniste sur la ceinture. Je ne vois rien, dit-il, tournant le meuble dans tous les sens. Pourtant, oncle Hélie a dit qu'ils étaient signés.

– C'est sûrement Jacob, dit Héloïse. Tous les fauteuils sont signés Jacob.

– Oncle Hélie dit que la signature est parfois ajoutée par les marchands.

– Ces fauteuils sont dans la famille depuis toujours, dit Héloïse.

– Sans doute depuis Jacob, dit Hervé. Il y en a deux autres dans le grenier. L'un a un pied cassé, mais il est réparable. Prends ces fauteuils, signés ou pas. Tu les mettras dans un garde-meuble en attendant d'avoir trouvé un appartement.

– J'aimerais autant la commode de Mamie. Celle à qui il manque un bronze.

– Est-elle signée elle aussi ?

– Boulle. Toutes les commodes sont signées Boulle.

– Je vois que tu ne t'y connais pas mieux que moi. Oncle Hélie, lui, s'y connaît. Il te dira ce qu'il faut prendre. Mais il faut te décider, Héloïse. Dans quelque temps, il n'y aura plus rien.

– J'ai une lettre d'Horace, dit Sophie.

– Enfin ! s'écria Hélie. Que dit-il ?

– Lis toi-même, dit Sophie, tendant la lettre à son beau-frère.

– C'est insensé, s'écria Hélie, après avoir commencé la lecture. Il est inconscient... « On verra bien qui aura eu raison... Je me justifierai et mes ennemis seront confondus. Bien des gens seront étonnés... » Qu'est-ce que cela veut dire ? Après la folie des grandeurs, le délire de la persécution ! Il garde toujours sa superbe. Mais il ne parle pas de revenir.

– Il ne donne pas même son adresse, dit Sophie.

– Tu ne peux savoir la peine que cela me cause, dit Hélie. Je ne peux pardonner à Horace. Les destinées des frères et sœurs d'une famille sont liées, elles constituent quelque chose d'unique, supérieur aux réalités de la vie. Si l'un des membres vient à rompre l'unité, il attente au destin de la famille. Horace nous a trahis par les erreurs qu'il a commises et par sa fuite. Je ressens cette trahison plus que quiconque, car il était mon frère, nous avons grandi ensemble, nos souvenirs sont les mêmes et nous sommes faits de nos souvenirs... Oui, je ressens cette trahison d'une façon presque physique. Je ne suis plus le même depuis qu'Horace a disparu. Je pense que c'est la sorte de tristesse et de ressentiment qu'éprouvait Napoléon envers son frère Lucien, quand celui-ci a émigré en Amérique.

– Il lui restait encore pas mal de frères et de sœurs, dit Sophie. Je ne sais pas s'il a eu lieu de s'en réjouir.

– Il n'empêche que Lucien Bonaparte avait rompu le destin de la famille.

– Pauline Borghèse aussi, par ses débordements.

– C'est vrai, dit Hélie. Tout frère, dans une certaine mesure, trahit son frère. Il rompt le pacte de famille. Même le succès acquiert une réalité autre, indépendante du destin familial. On voit parfois des frères et sœurs rester liés entre eux, plus qu'avec leurs conjoints respectifs.

– C'était votre cas à tous les deux, Horace et toi, dit Sophie. J'étais parfois agacée de sentir entre vous une connivence ironique, à laquelle je n'avais nulle part. Moi qui étais fille unique, j'ai eu du mal à comprendre cela. J'entrais dans votre famille, tu étais mon frère, Hélène ma sœur, je participais à votre destin... Il faut pourtant que les familles se défassent pour qu'en naissent de nouvelles!

– Il y a eu des civilisations où la famille avait une existence par elle-même, supérieure à celle de ses membres. La famille romaine restait unie. Napoléon, qui était si féru d'histoire romaine comme tous les gens de son époque, je suis sûr que la famille romaine était son modèle.

– Ce n'était pas celui d'Horace, dit Sophie.

– Puisque mon frère est absent, disparu, comme on voudra, le moment n'est-il pas venu que je le remplace, dit Hélie d'une voix grave. Tu sais que j'ai souhaité prendre la place d'un homme qui ne te convenait pas et qui t'a abandonnée lâchement. Je te l'ai proposé il y a longtemps. A présent que rien ne s'y oppose...

– C'est parce que rien ne s'y oppose que la chose n'est plus possible, dit Sophie. Il y aurait une sorte... d'inélégance à profiter de la situation.

– L'inélégance, il me semble, vient d'ailleurs.

– Il ne faut pas y répondre de la même façon.

– Cette délicatesse trahit mal une indifférence qui n'a pas toujours existé.

– Il y a toujours une grande affection, et une vraie confiance, dit Sophie. C'est en moi que je n'ai plus confiance! Je veux me prouver à moi-même que je peux faire quelque chose, que j'ai une valeur. J'ai besoin d'être seule pour me trouver. Je vais chercher du travail. N'importe quoi. Je regrette de ne pas avoir un métier, des connaissances, des diplômes qui me permettent d'en avoir un et de gagner ma vie.

– Je frémis, en pensant aux déceptions qui t'attendent, dit Hélie.

– Je les affronterai. Je vais écourter ce séjour et me mettre tout de suite à la recherche d'un travail.

– C'est ce que j'aurais voulu t'épargner, dit Hélie. Mais sans doute estimes-tu que je n'ai pas la force nécessaire pour y parvenir? J'en doute moi-même, par instants. Ainsi, je n'aurai jamais été que le double de mon frère.

– Ma belle-sœur est partie, dit Hélie. Elle met en vente son appartement du boulevard Saint-Germain. Si tu connais quelqu'un que cela intéresse.

– Je peux mettre une annonce sur la porte du magasin, dit Catherine Bourdonnec.

– Surtout pas! s'écria Hélie. Nous ne tenons pas à ce que cela se sache. Inutile d'alimenter les médisances.

– Si tu ne veux pas que cela se sache, comment espérez-vous vendre l'appartement?

– Nous ne voulons pas que cela se sache *ici*. Il y a des agences pour ce genre de tractations.

– J'avais oublié la grande loi du secret, impérieuse dans ta famille.

– Nous n'avons rien à cacher... Enfin! Si, hélas! Mais nous ne tenons pas à étaler nos malheurs. C'est une question de pudeur, je pense. De dignité.

– Oh! Vous n'avez jamais manqué de dignité, aux Tilleuls. Vous sombrez la tête haute. Cela a beaucoup d'allure mais manque un peu de simplicité.

– Il n'y aura pas de débandade, dit Hélie. C'est assez qu'il y ait des déménagements.

– Parce que le pillage continue?

– Pas depuis la visite de mes nièces, dit Hélie. Et je ne pense pas qu'elles auront l'audace de revenir avant la fin de l'été. Ce que je t'ai raconté, Catherine, tu le gardes pour toi. Si l'on savait ce qui se passe dans cette pauvre maison!

– Ne te fais pas d'illusions, cher Hélie. Lintimé fait de nouveau courir le bruit que vous allez vendre. Enfin, je suppose que c'est lui... En tout cas, je l'ai entendu dire par plusieurs personnes.

– Ce sont des gens mal intentionnés qui font courir ce bruit, s'écria Hélie. Tu peux démentir à l'occasion.

– Je démentirai. Mais, alors, s'écria Catherine Bourdonnec en saisissant dans un placard la bouteille de whisky qu'elle gardait pour son visiteur, si ta belle-sœur et sa fille sont rentrées à Paris, vous êtes seuls, toi et Hervé ! Comment allez-vous faire pour les repas ? Vous ne pouvez pas rester seuls !

– Bah ! les vacances sont bientôt finies. Et puis Ambroisine est là pour tenir la maison.

– Mais Ambroisine est bien trop âgée, mon pauvre ami. Tu sais bien que, sans être dirigée, elle ne sait plus rien faire ! Ta belle-sœur me l'a dit plus d'une fois.

– C'est un peu vrai, dit Hélie, d'un air soucieux. Nous nous débrouillerons, Hervé et moi.

– Et ton travail ? dit Catherine Bourdonnec. Y penses-tu ? Tu as besoin de calme, de tranquillité. C'est dit : je vais m'installer aux Tilleuls. Je considère de mon devoir d'aller m'occuper de toi et de ton neveu. Je suis sûre que ta pauvre maman m'approuverait. Ne me remercie pas, cher Hélie. Reprends du whisky. J'irai demain. Tu me dis qu'Hervé est mélancolique parce que sa chère et tendre n'est pas là cette année ! Toi-même tu n'es pas très gai, Hélie. Je vais tenter de dissiper cette mélancolie.

– Tu vois, à peine débarquée de l'avion, je suis venue te rejoindre, dit Frédérique Passavoine. J'ai eu quelque peine à me sauver de la pampa, l'ambassadeur n'était pas enchanté de me voir partir. Mais rester plus longtemps en compagnie des gauchos était au-dessus de mes forces. Oh ! c'est un beau pays, un pays neuf dont les possibilités sont immenses. Mais qu'ai-je à faire de ces perspectives économiques, de ces marchés, de ces richesses en puissance ? Je ne suis pas économiste, ni voyageur de commerce. Je préfère l'Europe aux anciens parapets.

– Moi, je n'ai qu'une hâte, c'est de la quitter cette Europe, dit Hervé. Je ne lui trouve rien d'aimable.

– Pas même depuis que je suis revenue ?

– Je ne suis pas persuadé que ce soit pour me retrouver, dit Hervé.

– Qu'importe puisque je suis là.

– Je ne profiterai pas longtemps de toi, dit Hervé. Je dois être à Paris pour la rentrée des facultés. C'est dans huit jours. Mon oncle Hélie, lui, reste plus longtemps, au moins jusqu'à la fin du mois d'octobre : l'arrière-saison est toujours belle dans ce pays. Mais tu auras beaucoup de mal à le voir, Frédérique : Catherine Bourdonnec établit un solide barrage autour de lui. Elle s'est installée aux Tilleuls, soi-disant pour tenir la maison puisque nous sommes seuls, mon oncle et moi. Ambroisine a vu cette intrusion d'un très mauvais œil. Et je ne suis pas sûr que mon oncle soit lui-même enchanté. Mais tu connais Catherine : il n'y a pas moyen de lui résister.

– Je plains ton oncle d'être tombé sous la coupe de cette virago.

– Oh ! ils s'entendent bien. Elle sait le prendre. Elle lui facilite la vie, lui prépare son whisky, allume son cigare. Même, elle lui tape ses manuscrits.

– C'est honteux ! s'écria Frédérique. Quelle façon de prendre de l'empire sur un homme !

– Toi qui ne sais pas taper à la machine, tu es évidemment défavorisée, dit Hervé.

– Crois-tu qu'ils vont se marier ?

– Je n'en sais rien. J'ai cru comprendre que Catherine n'abandonnera pas son magasin, l'hiver prochain. Elle ne fera que des séjours à Paris. Et puis, elle est arrivée à ses fins en s'installant aux Tilleuls.

– Oh ! dit Frédérique, j'ai rencontré ton père dans la pampa.

– Quoi ! Que dis-tu ? s'écria Hervé. Nous sommes sans nouvelles de lui. Comment était-il ? Qu'est-ce qu'il faisait ?

– Il paraissait prospère. C'était dans un grand hôtel de la ville où j'attendais un ami. Ton père a été très aimable, il m'a offert un drink au bar. Naturellement, nous avons parlé de toi. J'ai voulu inviter ton père à l'ambassade, mais il a décliné l'invitation. Il voyageait incognito, m'a-t-il dit. Il a insisté sur ce mot : incognito ! incognito ! Je n'ai pas insisté.

– Quand oncle Hélie va apprendre ça ! dit Hervé. Mais je me demande si je vais le lui dire. Il a été très affecté par le départ de papa. Tu n'as parlé à personne de cette rencontre ?

– A qui veux-tu que j'en parle. Je débarque à peine.

– Je ne comprends rien à ce départ, dit Hervé. Je sais seulement que papa a laissé maman dans une situation difficile. Elle vend notre appartement et elle va travailler. Et toi, Frédérique, que vas-tu faire ?

– Mme de Staël m'attend toujours. Je vais aller lui rendre visite à Coppet, car c'est aussi pour la retrouver que je suis rentrée.

– En somme tu quittes un ambassadeur pour une ambassadrice. Tu restes toujours dans la diplomatie.

– Mais je préfère les rives du Léman à la pampa, dit Frédérique.

– Je redoute l'hiver qui vient, dit Hervé. Il m'apparaît gros de menaces. Est-ce qu'au moins je te verrai un peu ?

– Mais bien sûr. Tu sais que je t'aime beaucoup. Et toi, m'aimes-tu autant ? Moi, je te trouve encore mieux que l'an dernier, plus viril, plus... Enfin tu me plais toujours. Dis-moi que tu m'aimes... Fais quelque chose ! Aimes-tu toujours danser ? Est-ce que l'on va toujours au Caveau ? J'ai très envie d'y aller ce soir. Crois-tu que ton oncle nous accompagnera, si je le lui demande ? Je voudrais lui faire perdre sa dignité. Cela m'amuserait follement de le voir se détendre.

– Tu vas encore me rendre jaloux, en me parlant tout le temps de mon oncle.

– Tu es bête, dit Frédérique. Fais quelque chose. Embrasse-moi... Mieux que cela! Eh bien! Voilà...

IV

– Mais c'est le désert ! s'écria Catherine Bourdonnec en pénétrant dans le salon des Tilleuls. En cinq ans, depuis la disparition de ton frère, la maison a été vidée. L'été dernier, il y avait encore de quoi s'asseoir... Mais je vois que les fauteuils Directoire un peu branlants, mais bons, très bons même, ont disparu.

– Depuis cinq ans, en effet, tout au long de l'hiver, ma sœur et ses filles ont organisé des razzias, dit Hélie. Je crois même qu'un jour, un camion de déménagement est venu chercher des meubles. Les chambres sont vides. Seule la chambre de ma mère est à peu près intacte. Elles n'ont pas osé... Il reste heureusement quelques lits.

– J'en prendrai un, dit Catherine. Je serai d'ailleurs absente une partie de la journée, comme l'an dernier. Je ne peux laisser le magasin entièrement aux mains de mon assistante. J'irai chaque jour passer quelques heures avec elle. Eh bien ! nous allons camper dans cette grande maison. Il y a ici trop de fantômes : tu n'aurais pu les affronter seul. Et ta sœur Hélène ? Elle n'a toujours pas insisté pour sortir de l'indivision ?

– Elle espère convaincre son mari d'acheter les Tilleuls... C'est pourquoi...! Si elle n'y parvient pas, elle exigera la vente. Mais en l'absence d'Horace, je ne crois pas qu'elle puisse y parvenir, dit Hélie.

– Toujours sans nouvelles d'Horace ? Pas de nouvelles, bonnes nouvelles...

– Je doute que l'adage soit vrai, en ce qui le concerne.

– Qui sait ? dit Catherine. Il est peut-être en train de faire fortune ! Il a peut-être inventé... Je ne sais pas, moi : un gadget quelconque, une nouvelle épingle de nourrice, un nouveau parfum de crème glacée. Je crois qu'il n'y en a que vingt-cinq... Toi qui dis manquer de sujet de roman, Hélie, en voilà un, imagine qu'Horace ait refait sa vie, qu'il ait fondé une autre famille.

– Comme Monsieur Verdoux ? Tu ne connais pas Monsieur Verdoux ? C'est le héros d'un film de Chaplin. Il a une femme dans chaque port.

– Horace a peut-être fondé une nouvelle religion ? Il y en a encore davantage que de crèmes glacées, en Amérique. Les religions prospèrent et elles rapportent beaucoup d'argent. Pour moi, il est gourou quelque part en Californie. Tu m'as dit qu'il était en faveur de toutes les initiatives nouvelles dans le catholicisme : il n'a fait que continuer son évolution... Peut-être fait-il déjà des miracles ?

– Il fait plutôt la quête, l'acte religieux le plus cher au Seigneur.

– Il va revenir des dollars plein les poches !

– J'ai un peu de mal, chère Catherine, à envisager l'aventure de mon frère sous un jour aussi plaisant, dit Hélie. Horace est la victime de son imagination. Elle le poussait à acquérir des biens qu'il n'avait pas les moyens de posséder.

– Tu veux dire qu'il est la victime du crédit ? dit Catherine.

– Ce sont les imaginatifs qui ont recours au crédit. Horace s'était fabriqué un personnage qui menait la

« grande vie », fréquentait les grands de ce monde, avait table ouverte dans les meilleurs restaurants, s'habillait chez les meilleurs faiseurs.

– Mais il ne les payait pas.

– Un gentleman laisse son intendant payer ses dettes.

– Mais il n'avait pas d'intendant.

– Je plains Horace plus que je ne le condamne. Il est la victime d'une société qui l'obligeait à convoiter des richesses toujours nouvelles. Il lui fallait une maison de campagne, une belle voiture, un bateau, un cheval... Il vivait dans une certaine idée de soi-même, comme un romancier.

– Mais il n'écrivait pas de romans.

– C'est ce qui l'aurait sauvé. Ce qui me sauve, peut-être. Car j'ai en moi des désirs aussi violents que ceux de mon frère. On oublie toujours l'envie, parmi les péchés capitaux. Mais c'est l'envie qui mène le monde moderne. C'est le grand moteur de la démocratie. Dans une société d'abondance, comment ne pas faire, à chaque instant, des péchés d'envie ! Le compte en banque, hélas ! n'est pas le frère du rêve.

– Et que dit de tout cela ta belle-sœur, avec qui tu t'es toujours si bien entendu ?

– C'est elle qui faisait fonction d'intendant, tant que cela a été possible. Elle viendra quelques jours aux Tilleuls, à la fin du mois d'août. Elle a peu de vacances, car elle est entrée dans une maison d'édition comme attachée de presse, ou quelque chose de ce genre... Je ne sais pas bien en quoi consiste son activité : elle s'occupe des écrivains, leur tient la main, ou la jambe... Enfin elle leur tient quelque chose ! Elle est leur mère, leur sœur, leur garde-malade... Tu connais l'engeance, chère Catherine. Sophie est devenue une petite sœur des pauvres, en quelque sorte.

– Et ses enfants ?

– Hervé veille au salut de l'empire – je veux dire qu'il fait son service militaire, quelque part en Allemagne. Il viendra en permission, je pense. Sa sœur est toujours en train d'osciller entre plusieurs maris.

– Eh bien! je m'installe, dit Catherine Bourdonnec. Il faut bien que quelqu'un tienne ton intérieur. Même vide ou presque.

– Vous désirez, madame? dit Hélie d'un air rogue, s'adressant à une dame boulotte, ni grande ni petite, ni jolie ni laide qui débouchait de l'allée des tilleuls et contemplait la maison.

– Je viens faire visiter la propriété, dit la dame boulotte, se tournant vers un couple ni vieux ni jeune, qui se tenait à quelques pas derrière elle.

– Quelle maison? dit Hélie.

– Je représente l'agence La Lanterne, dit la dame. Nous avons reçu mandat.

– Mandat de quoi?

– De vendre la propriété, dit la dame boulotte. Et, justement, monsieur et madame sont intéressés.

– Ça y est, dit Catherine à mi-voix. Je l'avais prévu.

– La maison n'est pas à vendre, dit Hélie. Faites-moi le plaisir de déguerpir.

– Mais, monsieur...!

– Nous nous sommes déplacés pour visiter cette maison, dit le monsieur ni vieux ni jeune.

– Je vous le répète, cette maison n'est pas à vendre.

– Mais il y avait une annonce dans un journal... J'ai oublié lequel. Raymonde, dans quel journal se trouvait cette annonce?

– Si vous croyez ce qu'il y a dans les journaux! dit Hélie, avec un ricanement.

– Mais enfin, monsieur, j'ai bien lu... Cette agence est sérieuse.

– N'insistez pas, monsieur, dit Catherine Bourdonnec.

– Et fichez le camp! cria Hélie d'un ton menaçant, en faisant un pas vers le couple d'acheteurs éventuels.

– Viens, Victor, dit la femme nommée Raymonde avec un mouvement de recul. Allons-nous-en!

– Ça ne se passera pas comme ça! dit la dame boulotte.

– Dehors! cria Hélie. Je déteste ces agents immobiliers, dit-il quand le trio eut effectué une retraite précipitée. Ce sont des oiseaux de malheur. Ils sont à l'affût des drames de famille, des divorces, des successions. Ils foncent comme des vautours sur le cadavre.

– On dirait que tu as eu souvent affaire aux agences immobilières dans ta vie, dit Catherine.

– Jamais.

– Il fallait bien que tu les découvres un jour. Et quand on commence à les fréquenter, on ne s'arrête plus. Je connais des gens qui ne peuvent s'en passer, même s'ils n'ont en vue aucune tractation. Il y a d'ailleurs des femmes charmantes qui font visiter des maisons. L'un de mes amis prétend qu'il y a quelque chose de sensuel, d'érotique même, à parcourir des maisons à vendre, de la cave au grenier. C'est comme un viol... Cela lui procure des sensations fortes et il passe ses week-ends à visiter des propriétés. Il m'assure qu'il lui est arrivé, au détour d'un couloir, de rencontrer des guides très compréhensifs...

– Tu m'ouvres des horizons, dit Hélie. Mais conviens que la petite dame n'offrait rien d'attrayant. C'est sûrement à ma sœur que je dois cette visite : elle aurait pu au moins m'envoyer une jolie femme.

Catherine et Hélie prenaient le thé au salon, quand la porte s'ouvrit. Héloïse, suivie d'un homme, parut sur le seuil.

– Oncle Hélie! dit Héloïse en se précipitant vers son oncle. Nous sommes venus passer quelques jours aux Tilleuls. J'espère que nous ne te dérangerons pas! Mais je voulais absolument qu'Angelo connaisse cette maison, le jardin, qui ont tellement compté pour moi dans mon enfance. Angelo est un grand ami. Je suis sûre que vous vous entendrez très bien, car vous avez les mêmes idées sur des tas de sujets... Tu verras, il est très gentil.

– Je n'en doute pas, dit Hélie. Soyez les bienvenus. Il était temps que vous veniez, avant que la propriété ne passe en d'autres mains. Ta tante Hélène, car ça ne peut être qu'elle, l'a mise en vente. Étais-tu au courant?

– Non, dit Héloïse. Je n'ai pas vu tante Hélène depuis l'an dernier.

– Cherchez un lit, dans l'une des chambres. J'espère que vous en trouverez encore un.

– Il y a un lit dans la chambre bleue, dit Catherine Bourdonnec. J'avais pensé la prendre, mais j'ai préféré la jaune, qui est mieux orientée. J'aime avoir le soleil le matin.

– Catherine a bien voulu s'installer aux Tilleuls, dit Hélie. Elle a eu pitié de ton pauvre oncle.

– C'est la maison qui inspire de la pitié, dit Catherine Bourdonnec. C'est pour elle que mon cœur saigne.

– Je croyais que son propriétaire vous inspirait au moins de l'intérêt.

– A la mesure de son droit de propriété, c'est-à-dire pour un tiers.

– Je ne peux pas croire que tu sois obligé de quitter les Tilleuls, oncle Hélie, dit Héloïse. Où trouveras-tu le calme qu'il te faut pour écrire ?

– Je vais me confier aux agences immobilières pour qu'elles me trouvent un havre, dit Hélie. Il paraît qu'elles ont des charmes insoupçonnés.

– Angelo trouve cet endroit génial, dit Héloïse une heure plus tard, en pénétrant dans le bureau de son oncle.

– Je suis bien aise que cet endroit plaise à ce jeune homme.

– Tu te demandes peut-être ce qu'il est pour moi ?

– Je me demande plutôt ce que tu as fait d'Olivier.

– Il va bien. Je l'ai quitté hier. Il partait pour Rome.

– Quitté ? Pour de bon, cette fois-ci ?

– Oh ! non, oncle Hélie, s'écria Héloïse. Que ferait Olivier sans moi ?

– N'y a-t-il pas eu aussi, dans ta vie, un autre homme ?

– Louis ? Je l'adore. C'est un ange. Il est en Amérique cet été. J'espère que la présence d'Angelo ne te gêne pas. Je l'ai rencontré à Pâques, à Rome où j'ai passé quelques jours avec Olivier. Angelo est architecte-décorateur.

– Et il aime cette maison ? Il y a pourtant de très belles villas en Italie, auprès desquelles celle-ci est bien médiocre.

– Ce n'est pas l'avis d'Angelo. Il a des tas d'idées de transformation et de décoration...

– Qu'il les garde pour le futur propriétaire.

– Angelo est très connu à Rome. Il a décoré des villas d'actrices de cinéma. Et il a un appartement merveilleux qui donne sur la Trinité-des-Monts, près de la place d'Espagne. Tu as dû voir son nom dans des magazines consacrés aux maisons et aux jardins : Angelo Smeletti.

– Autrefois, je feuilletais ces magazines, dit Hélie, plus guère à présent.

– Il y a un merveilleux parti à tirer de cette villa, dit Angelo Smeletti apparaissant. J'ai fait quelques croquis, dit-il en faisant glisser l'une sur l'autre des feuilles d'un carnet à dessin et en les montrant à Hélie. Je commencerais par abattre le mur entre le grand salon et le petit salon. Vous auriez une pièce superbe ouvrant sur le jardin par trois portes-fenêtres. De grands canapés blancs en équerre, près de la cheminée, rendraient la pièce très confortable. Et comme elle est à peu près vide...

– Elle ne l'a pas toujours été.

– Je vois des fauteuils en rotin laqués blanc; des rideaux blancs.

– Le genre clinique, dit Hélie.

– Ah! non, s'écria Angelo Smeletti en riant. C'est le matériau qui fait la différence. Je vois une bourre de soie pour les rideaux... Et la salle à manger tomate. Pour mettre en appétit.

– Tomate, dit Hélie d'un ton rêveur. Pourquoi pas épinard?

– Comment épinard? dit Angelo Smeletti.

– La couleur épinard, dit Hélie.

– Vous croyez? C'est laid, c'est indigeste...

– Stendhal aimait beaucoup les épinards, dit Hélie. Les tomates? je ne sais pas. Oui, sans doute, puisqu'il aimait l'Italie.

– Ce qui est intéressant dans cette maison, dit Angelo Smeletti, c'est toutes les possibilités qu'elle offre.

– Vous voulez dire que tout est à refaire, dit Hélie. Voici peut-être celui qui réalisera vos idées, dit-il comme une auto apparaissait au bout de l'allée et se dirigeait vers la maison.

– C'est Pinard, dit Héloïse. Je reconnais son taxi. Je le croyais hors service depuis longtemps.

– L'alcool conserve, dit Hélie. Tiens, ma chère sœur

Hélène. Cette visite me surprend. Il n'y a pourtant plus rien à prendre.

– Il se passe ici des choses curieuses, dit Hélène entrant dans le salon. J'ai appris que tu refuses de laisser visiter la propriété ?

– Comment as-tu osé, sans m'en parler, confier la vente de cette maison à une agence ? dit Hélie. Une maison qui est le berceau de la famille.

– Et qui a maintenant une nouvelle maîtresse, dit Hélène.

– C'était une place à prendre, dit Catherine Bourdonnec. Je n'ai pas résisté à l'invitation d'Hélie.

– Eh bien ! vous n'habiterez pas longtemps les Tilleuls, dit Hélène. J'ai reçu une communication de Me Lintimé. Il m'a donné rendez-vous ici et il va vous annoncer la nouvelle : la maison est vendue.

– Comment ! s'écria Hélie soudain très pâle. Tu as fait cela ! Maman te maudit. Par moi, elle te maudit.

– Oncle Hélie, s'écria Héloïse se portant au-devant de son oncle qui paraissait sur le point de se trouver mal. Assieds-toi. Angelo, approche un fauteuil. N'importe lequel.

– Il n'y en a plus qu'un, dit Catherine Bourdonnec. Heureusement qu'on nous l'a laissé.

– Ce n'est rien, dit Hélie, s'asseyant dans le fauteuil Empire, style retour d'Égypte. Merci, monsieur.

– Je te présente un ami, Angelo, dit Héloïse à sa tante.

– Charmée, dit Hélène. Et Olivier, ton mari, où est-il ?

– Olivier est à Rome, dit Angelo Smeletti, je lui ai prêté mon appartement.

– Et il vous a prêté sa femme, dit Hélène.

– Ah ! s'écria Angelo en riant, c'est à peu près cela, en effet.

– Ne cherche pas à expliquer la situation à ma tante, dit Héloïse. Elle ne comprendrait pas.

– Vous avez pourtant des intérêts communs, dit Catherine Bourdonnec, vous monsieur et vous Hélène : vous décorez tous deux des appartements.

– C'est vrai, dit Hélie. Je ne te savais pas cette passion des meubles et des objets, Hélène. Tu voulais sans doute emporter ce fauteuil ? Eh bien, tu vois, je reste assis dedans. Il faudra que tu m'emportes avec !

– Il y a là Me Lintimé, dit Ambroisine, apparaissant à la porte du salon.

– Faites-le entrer, dit Hélène.

– Je suis venu vous annoncer que la vente est faite, dit Me Lintimé. Le compromis, n'est-ce pas, a été signé, hier, dans mon étude. Enfin... comme il est d'usage, l'acte sera passé dans trois mois.

– Vous qui vous prétendiez un ami de la famille, s'écria Hélie se levant, vous avez prêté la main à cette infamie.

– J'avais reçu mandat, dit Me Lintimé. Je croyais, n'est-ce pas, enfin... que vous étiez d'accord.

– Comment pouviez-vous le savoir, puisque vous ne m'avez pas consulté ? Et peut-on connaître le nom de l'acheteur ?

– Non, dit Me Lintimé, on ne peut pas le connaître. L'acheteur, pour l'instant, désire garder l'anonymat. Mais enfin, je peux dire que je me porte garant pour lui.

– Et quand se manifestera-t-il ?

– Je ne peux rien préciser... enfin, n'est-ce pas... non ! dit le notaire. Mais, sans aucun doute, vous pouvez rester aux Tilleuls jusqu'à la fin du mois d'octobre, je pense...

– Pour moi, je n'attendrai pas cette date, dit Hélène. Je pars tout de suite. Vous répartirez la somme entre nous, dit-elle au notaire. Puis, se tournant vers Catherine Bourdonnec : quant à vous, ma chère, vous n'avez plus qu'à faire votre valise. J'arrive ! cria-t-elle à l'adresse de Pinard qui attendait sous les arbres, assis dans son taxi.

– Heureusement que Maman n'a pas assisté à tout cela, dit Héloïse. Elle arrive dans deux jours avec Hervé.

– Je me retire, dit Me Lintimé, courbant le dos.

– Je crois que je n'ai plus qu'à faire de même, dit Catherine Bourdonnec, et suivre le conseil d'Hélène.

– Il n'en est pas question, dit Hélie. Reste, chère Catherine ! J'ai besoin de toi. Nous verrons bien ce qui se passera au mois d'octobre.

– Je ne peux nous voir tous ainsi réunis sans penser à Maman, dit Hélie.

– Elle n'a jamais été absente de nos vies, dit Sophie. C'était son fauteuil. Celui dans lequel vous êtes assis, Angelo.

– Oh ! dit Angelo, faisant mine de se lever. Je ne savais pas...

– Restez assis, dit Hélie. Nous n'avons pas ce genre de fétichisme dans la famille. Ce fauteuil n'était pas réservé uniquement à ma mère. Mais il est vrai qu'elle l'affectionnait.

– Il venait de chez l'Anglais.

– Ce personnage mythique revenait souvent dans sa conversation, dit Hélie. Je ne sais pas si elle l'avait connu...

– Mais si, elle l'avait connu, jeune mariée, dit Sophie.

– En tout cas, l'Anglais tenait un rôle important dans les souvenirs de la famille. Il y avait les légumes et les fruits que l'on achetait à son jardinier. Et puis, il y a eu les meubles achetés à la vente de chez l'Anglais.

– Je crois me rappeler qu'il avait voulu acquérir les Tilleuls, dit Hélie, et que mon grand-père était prêt à les lui vendre. Ma grand-mère s'y était opposée... J'ai entendu évoquer la querelle de ménage qui s'ensuivit.

La famille, ou ce qu'il en restait, était réunie sur la terrasse, comme toujours avant le repas de midi. Le soleil de la mi-août était haut dans le ciel.

– Tes vacances sont bien courtes, dit Hélie, s'adressant à sa belle-sœur. Es-tu heureuse dans ton travail ? Je te plains d'avoir affaire aux écrivains, toujours insatisfaits, toujours malheureux.

– Je les trouve moins ennuyeux que les hommes d'affaires.

– Ils aiment à se faire plaindre.

– Je les plains, je les écoute, je les calme. Même, à l'occasion, je les lis.

– Je te plains encore davantage, dit Hélie.

– Je suis heureuse, dit Sophie. Je découvre la liberté. J'organise ma vie comme je l'entends. Et puis, je ne suis pas toujours seule. Mon garçon est venu souvent me voir. Toi aussi, Héloïse, tu as été très gentille cet hiver. Puisque vous êtes tous là, tous ceux que j'aime et qui comptent dans ma vie... Oui, vous aussi Catherine. Je ne vous cache pas que j'ai été surprise quand je vous ai vue installée aux Tilleuls...

– Installée ! dit Catherine Bourdonnec. Dites plutôt campée.

– Catherine a pris la place que tu as laissée vacante, dit Hélie.

– Je ne lui en veux pas, dit Sophie. Je sais que j'ai eu raison. Mieux valait rompre tout à fait avec ma vie passée. Et les Tilleuls y ont tenu une grande place. Voici la nouvelle que je voulais vous annoncer : j'ai demandé le divorce. Horace m'y contraint, puisqu'il a disparu et me laisse sans nouvelles de lui depuis cinq ans.

– J'ai reçu une lettre de papa cet hiver, dit Héloïse. Une lettre plutôt bonne, sur un papier à en-tête d'un grand hôtel de Montréal.

– Vous sous-estimez Horace, dit Catherine. Je suis sûre qu'il nous réserve des surprises.

– Je n'en veux plus de ses surprises, dit Sophie. J'ai reçu trop de factures impayées, de visites d'huissiers et de papier timbré.

– Je croyais qu'elles avaient cessé, dit Hélie.

– C'est vrai. Mais elles m'ont laissé un si mauvais souvenir que je veux éviter d'en recevoir de nouvelles. Le jugement de divorce sera prononcé en octobre.

Une mouette passa en planant au-dessus de la terrasse et fit entendre son cri lugubre.

– Tu nous donnes l'exemple, Maman, dit Héloïse. Il faut que nous nous détachions de cette maison, du jardin, puisque nous allons les perdre.

– Cela vous est plus facile qu'à moi, dit Catherine. Je viens à peine de commencer à jouir des Tilleuls qu'ils me sont enlevés. Je crois que je vais en vouloir à Hélie de n'avoir pas su les garder.

– Je me demande qui est cet acheteur anonyme, dit Héloïse.

– Mais d'abord, n'est-il pas tenu de se faire connaître ? dit Hervé. J'irai voir Me Lintimé cet après-midi, pour éclaircir ce point avec lui.

– C'est utile d'avoir un juriste dans la famille, dit Héloïse. Me Lintimé va trouver à qui parler.

– Ce sera sans doute quelque association ou colonie de vacances pour enfants, qui va s'installer ici, dit Catherine.

– La maison est trop petite pour une colonie de vacances, dit Sophie.

– On peut l'agrandir, dit Angelo Smeletti. On pourrait construire une aile, au nord, tout en respectant le style de la villa.

– Le style n'a rien d'admirable, dit Hervé. Je ne vois pas la nécessité de le préserver.

– Ah! si, s'écria Angelo Smeletti. Il faut le préserver. Ce style un peu... gothique, non? a acquis une sorte de noblesse... De beauté, même. Comme les bouches de métro... Comme...

– La tour Eiffel...

– Ah! oui, c'est cela, non? La place ne manque pas. Il suffirait d'abattre quelques arbres.

– Ce sera plutôt une maison de repos pour vieillards, dit Sophie.

– Alors, je pourrai y revenir un jour prochain, dit Hélie.

– Voilà un visiteur, dit Catherine, la tête tournée vers le portail ouvert. Si c'est un acheteur éventuel, il vient trop tard.

– Mais, s'écria Hélie... Mais c'est lui!

– Mais oui, s'écria Sophie, se soulevant de son fauteuil. C'est lui! Je l'ai reconnu tout de suite. Que vient-il faire ici? Quels ennuis nouveaux va-t-il nous apporter?

Sur la terrasse, tous s'étaient levés.

– Papa! s'écria Héloïse, et elle se lança au-devant du nouveau venu, en lui tendant les bras.

– Vous vous demandez quel bon vent m'amène, dit Horace, s'avançant sur la terrasse. Je viens prendre possession de mon domaine! L'acheteur anonyme, c'est moi. Quelle joie de vous voir ainsi tous réunis! Comme autrefois! On a beau dire : la famille...

– Je savais bien que vous nous réserviez une surprise, dit Catherine.

– Mais alors, les Tilleuls restent dans la famille? dit Angelo Smeletti. Je me permettrai de vous suggérer des améliorations, monsieur. Il faudrait abattre le mur...

– Angelo est architecte-décorateur, dit Héloïse, les yeux brillants fixés sur son père.

– J'imagine que tu as refait ta fortune? dit Sophie. Rassure-toi, je n'ai pas l'intention d'en prendre la moindre parcelle. J'ai acquis mon indépendance. Je ne veux rien de toi.

– Je sais que tu as demandé le divorce, dit Horace. Je ne m'y oppose pas. J'expliquerai mon attitude, quand le moment sera venu.

– Tu choisis toujours ton moment! dit Sophie.

– Et je le choisis bien. Vois ce beau temps, ce beau jardin, cette belle maison, dit-il en saluant d'un grand geste du bras son nouveau domaine.

– La maison est vide, dit Catherine Bourdonnec.

– Je le sais, dit Horace. Je connais le pillage auquel les Tilleuls ont été livrés. Me Lintimé m'a prévenu. Aussi Hélène et ses filles ne remettront plus jamais les pieds ici. Mais vous tous, qui êtes là, toi aussi Sophie, vous pourrez venir quand il vous plaira. Cette maison restera la vôtre. Tant que je vivrai.

– Jusqu'à ta prochaine déconfiture, dit Sophie.

– Il y a des suggestions que je me permettrai de vous faire, dit Angelo Smeletti. D'abord...

– D'abord, il faudra remeubler la maison, dit Catherine Bourdonnec. Je pourrai vous y aider. J'ai quelques beaux meubles au magasin. Et je connais tous les antiquaires de la région. Je vous aurai des prix.

– Vous avez toujours eu un goût parfait, dit Horace.

– Et Catherine a toujours aimé les Tilleuls, dit Sophie d'un ton pincé. Ce sera pour elle un plaisir de meubler la maison et de la décorer.

– Avec l'aide d'Angelo, dit Héloïse.

– Et toi, mon fils, tu ne dis rien, dit Horace. N'es-tu pas content de revoir ton père?

– Surtout en si bonne forme, dit Héloïse. Tu es merveilleux, papa. Tu as une mine superbe.

– Je n'en dirais pas autant de mon frère, dit Horace. Hélie, tu as mauvaise mine, tu as l'air triste.

– Hélie n'a pas de raison de se réjouir comme toi, dit Sophie. Il n'a pas acheté les Tilleuls, lui. Il a cru en être dépossédé pour toujours.

– Eh bien! dit Horace. Il pourra maintenant y rester tant qu'il voudra. Je t'ai parlé, Hervé, mon fils. Tu ne dis rien?

– Je me pose des questions, dit Hervé d'un ton soucieux. Il ajouta, après un silence : Ce retour ne fait pas vrai. Je n'arrive pas à y croire.

– C'est le départ, pour moi, qui ne faisait pas vrai, dit Sophie. Abandonner ainsi sa femme, ses enfants, partir...

– Partir à l'épouvante, dit Horace en riant.

– A quoi? Que dis-tu?

– « Partir à l'épouvante » est une expression que j'ai entendue au Canada français, où j'ai monté une fabrique de chapelets et de médailles pieuses.

– Je n'étais pas si loin d'avoir deviné la vérité, quand je vous voyais à la tête d'une nouvelle religion, dit Catherine.

– La religion est toujours la même, dit Horace.

– Avec quelques indulgences en plus, dit Hélie.

– Des indulgences et des miracles. Ceux du frère André que l'on va invoquer à Montréal, tout en haut de son oratoire. Je crois bien que c'est à lui que je dois ma nouvelle prospérité. J'ai ouvert une fabrique de cierges : on brûle beaucoup de cierges devant l'image du frère André. J'ai aussi fabriqué des hameçons.

– Pour pêcher les fidèles? dit Catherine.

– Mais que veut dire « partir à l'épouvante »? demanda Hervé.

– C'est l'équivalent de notre expression : « filer à l'anglaise », dit Horace. Les Canadiens français ne pouvaient pas dire « filer à l'anglaise », puisque ce sont les maudits Français qui avaient fichu le camp.

– Le malheur donne du génie à un peuple, dit Hélie. En

tout cas : le génie du verbe. Placé dans une situation d'infériorité, opprimé, soumis, il trouve des moyens d'expression inédits, qui lui permettent d'exister, de ruser, de narguer son maître. Il se revanche par la parole...

– Vous pensez que « l'épouvante » est la traduction de ce que les Québécois éprouvaient devant l'Anglais ?

– Plutôt l'Indien, qu'il a dû fuir souvent, dit Angelo Smeletti.

– C'est ce que papa a fait, et nous n'étions pas des Indiens, dit Hervé.

– Un mari qui quitte sa famille, cela se voit tous les jours, dit Catherine Bourdonnec.

– Qu'il revienne après fortune faite, c'est cela qui est peu croyable, dit Sophie. Et surtout qu'il en fasse profiter sa famille.

– Eh bien ! vous devrez accepter ces invraisemblances, dit Horace.

– Oh ! nous les acceptons, dit Hélie. Elles nous enchantent. Nous commencions à tourner en rond et ne plus savoir quoi dire. Nous avions épuisé les sujets de lamentation. Ton retour relance la conversation, si je puis dire.

– Et il ouvre des perspectives, dit Catherine Bourdonnec d'un ton rêveur.

– Il faut fêter ton retour, papa, dit Héloïse. Je vais chercher le porto et des verres.

– Plutôt une bouteille de champagne, dit Catherine Bourdonnec. J'en avais mis une au frais, que je gardais pour une circonstance exceptionnelle.

– Vous aviez sans doute prévu le retour de l'enfant prodigue, dit Sophie.

– Alors, tuons le veau gras, dit Hélie d'un ton lugubre.

– Ce rétablissement tient du prodige, dit Sophie. Je me demande ce que cache cette assurance, ce culot! Ce ne serait pas la première fois qu'Horace achète une maison sans avoir de quoi la payer.

– Lintimé a pris ses précautions, dit Hélie. Avec lui, nous sommes tranquilles. Et puis, est-ce qu'il n'y a pas eu une amnistie pour des actes frauduleux commis par des hommes politiques? C'est sans doute ce qui a permis à Horace de revenir. Son parti a dû voler à son secours.

– J'ai de la méfiance, dit Sophie. Je n'ai jamais pu prendre Horace au sérieux. Je saurai à quoi m'en tenir, une fois rentrée à Paris. D'ailleurs, je vais brusquer mon départ. La situation où je me trouve ici n'est pas supportable.

– Horace est correct à ton égard. Même gentil...

– Cette gentillesse m'est pénible. Il a le triomphe trop modeste. Horace t'a-t-il expliqué ce qu'il a fait pendant ces cinq années et comment il a rétabli sa fortune? Ce n'est pas avec ses bondieuseries...

– J'ai été voir Lintimé, qui m'a fourni quelques renseignements, dit Hélie. Horace est en France depuis trois mois. Il a dédommagé tous ses créanciers. Il a déjà acheté un appartement dans le Marais et quand il a su que les Tilleuls étaient à vendre, il s'est immédiatement mis en rapport avec le notaire. Je crois qu'il ne doit plus d'argent qu'au fisc.

– Oh! alors...! Eh bien! dit Sophie, ce n'est pas moi qui profiterai de cette fortune nouvelle. Et toi, Hélie, que vas-tu faire? Fais-toi au moins payer ta part. As-tu l'intention d'épouser Catherine? Je t'ai mis en garde. C'est une intrigante.

– Tu sais mieux que personne qui je lui aurais préféré.

– Dans quelle situation nous trouverions-nous aujourd'hui! dit Sophie.

– Guère plus compliquée que la situation actuelle. Ce n'est pas la présence de Catherine qui peut gêner Horace. Ni tes enfants. Tu t'en vas : il faut quelqu'un pour tenir cette maison.

– Catherine me remplacera avantageusement sur ce point, dit Sophie. Comme elle m'a remplacée pour autre chose.

– Que veux-tu dire ? Je ne te trouve pas très logique.

– Ni toi très constant.

– Je t'admire. En vérité, je vous admire toutes, vous les femmes. Quelle force cela vous donne ! Et comment pourrions-nous lutter, nous pauvres hommes qui nous efforçons de mettre un peu de logique dans nos actes.

– Vous mettez de la logique quand cela vous arrange. Non, non, dit Sophie avec violence : tu ne m'aimais pas vraiment, cela t'arrangeait d'avoir une présence féminine pour tes vieux jours, mais tu ne tenais pas tellement à ce que ce fût la mienne. Il n'y a qu'à voir avec quel empressement tu t'es rabattu sur Catherine et l'as installée ici. Eh bien ! je te conseille de te méfier d'elle.

– Je me méfie de tout et de tous.

– Allons donc ! s'écria Sophie. Je ne connais personne d'aussi crédule que toi. Ni de plus facile à duper.

– Tu aurais bien dû en profiter, dit Hélie.

– C'était trop facile, vraiment, dit Sophie. Ah ! s'écria-t-elle, éclatant en sanglots, c'est trop injuste !

– Je t'en prie, Sophie, dit Hélie avec un élan vers sa belle-sœur. Je comprends ce que tu éprouves, mais...

– Pardonne-moi, dit Sophie d'une voix ferme, reprenant maîtrise d'elle-même. Je ne regrette pas les décisions que j'ai prises. Il me faut seulement un peu de courage pour m'y tenir.

– Le courage ne te manque pas, tu l'as prouvé, dit Hélie. On pense parfois que d'en avoir eu dans une circonstance grave de la vie vous dispense d'en avoir par la suite. Mais non. C'est sans arrêt, et pour tout, les grandes choses comme les petites, qu'il faut du courage.

– C'est épuisant! dit Sophie.

– Ce sont les réserves de courage qui s'épuisent. Heureusement, l'indifférence prend le dessus. On arrive au bout dans l'indifférence de tout. Du malheur lui-même. En tout cas, de celui des autres... Sais-tu, dit Hélie, changeant de ton, qu'Horace a offert une voiture à Héloïse ? Elle vient de m'en faire part. Tu imagines sa joie.

– Tant de générosité m'inquiète, dit Sophie.

– C'est très méritoire à vous, chère Catherine, de vous occuper de mon frère, dit Horace. Vous lui faites du bien. Quand je suis parti en voyage – vous savez, ce n'était pas la première fois, et je n'ai pas compris pourquoi ma famille en faisait une telle histoire – Hélie n'allait pas bien, il était amer, découragé... La mort de ma mère l'avait beaucoup affecté. Il avait de plus en plus de peine à écrire.

– Il éprouve toujours cette difficulté, dit Catherine.

– Mais c'est un garçon plein de charme. Et qui peut être très agréable à vivre, il a de l'humour, de la fantaisie... C'est son caractère qui n'est pas toujours facile. Et il est velléitaire.

– Moi qui aime les hommes d'action, dit Catherine Bourdonnec, il me paraît évident que je me suis trompée de frère.

– Évidemment, vous ne pouviez savoir que j'allais revenir, dit Horace. Cela n'aurait d'ailleurs rien changé.

– Qui sait ? Bien des choses peuvent changer. Les situations, les sentiments évoluent...

– Je vous admire, dit Horace. Mon frère a de la chance. Vous faites preuve, envers lui, de beaucoup de patience.

– Je commençais à me demander si je pourrais tenir le coup. Sans compter que je suis seulement un produit de substitution. Je fais un remplacement. Non, ne me demandez pas de m'expliquer : je suis persuadée que vous comprenez très bien ce que je veux dire. Je ne voudrais pas chasser Sophie. Je sais qu'elle s'en va : ce serait plutôt à moi de m'en aller.

– Sophie a trop de fierté pour rester, dit Horace.

– Voyez-vous, cher Horace, dit Catherine avec un soupir, j'aime tellement votre famille qu'il me fallait absolument lier mon sort à l'un de ses membres. J'ai pris celui qui était libre.

– Je croyais que c'était les Tilleuls que vous aimiez!

– Oui, j'aime les Tilleuls, dit Catherine.

– Eh bien! ils sont à vous.

– C'est ce qu'Hélie n'a pas pu me dire.

– Moi, je vous le dis.

– C'est tentant, dit Catherine. Mais n'allez-vous pas disparaître, une seconde fois?

– Ah! non, s'écria Horace. Je suis trop vieux.

– Je ne sais si je vous comprends, dit Catherine. Je vous connais beaucoup moins bien qu'Hélie. Vous ne veniez que de temps en temps me rendre visite au magasin.

– Il n'y en avait que pour mon frère. M'avez-vous même jamais offert un verre?

– Une fois ou deux, je crois bien... Mais, Horace, vous étiez marié.

– Vous étiez libre.

– Nous le sommes maintenant l'un et l'autre, dit Catherine Bourdonnec. Je ne crois pas que l'on puisse refuser un cadeau comme les Tilleuls. Mais comment annoncer la chose à Hélie? Quel coup pour lui! Je ne veux pas le faire souffrir.

– Hélie a toujours souffert à cause des femmes. Il en a l'habitude. Les blessures, chez lui, se cicatrisent très vite. Il a un égoïsme foncier, comme tous les artistes, qui lui permet de récupérer... N'ayez pas de scrupules exagérés.

– J'ai dû bien souvent faire taire mes scrupules, dans ma vie.

– Après-demain soir, dit Horace d'un ton dégagé, je dîne chez le préfet. Je le connais assez bien et il m'a quelque obligation. Il s'est mis en tête de me faire avoir la rosette. Drôle d'idée! Je ne suis pas certain de la mériter. Mais enfin, si cela lui fait plaisir! Voulez-vous m'accompagner?

– Je ne suis pas invitée.

– J'arrangerai la chose, si cela vous amuse de venir.

– Vous arrangez tout, si je comprends bien. Quelle puissance! Les réceptions officielles me sont étrangères. Mais j'ai assez envie d'en connaître une, pour voir.

– Elles sont généralement ennuyeuses, dit Horace. Parfois utiles. Si je veux me présenter au conseil général, comme on m'y pousse... Mais il s'agit d'un dîner intime. Les corps constitués ne seront pas convoqués.

– Tant pis, dit Catherine. J'aurais été curieuse de voir les corps constitués. Eh bien! puisque vous insistez, je vous accompagnerai chez le préfet. Mais, encore une fois, que dire à Hélie?

– J'en fais mon affaire, dit Horace.

– Ne crois pas que je n'ai pas vu ton manège avec Catherine, dit Hélie. Je n'ai pas été dupe de cette invitation que lui aurait adressée la préfète, l'autre jour. Vous vous absentez souvent ensemble, sous prétexte de visiter les antiquaires de la région. Catherine est bonne conseillère. J'aime assez cette paire d'appliques que vous avez ramenée hier soir. Un peu de rocaille ne sied pas mal à la maison.

– Tu devrais nous accompagner dans nos expéditions, dit Horace. Ton avis nous serait précieux.

– Vous préférez sûrement être seuls, dit Hélie. Catherine est une compagne agréable. En somme, tu es revenu pour me la prendre ?

– Mais, dit Horace décontenancé par cette attaque directe, Catherine est libre. Elle fait ce qui lui plaît. Je ne la force en rien... Et puis, dit-il, s'enhardissant, est-ce que ça n'est pas te rendre la monnaie de ta pièce ?

– Que veux-tu dire ?

– Ne me demande pas d'explications, dit Horace. Cela est si vieux ! Mais avoue que tu es mal placé pour me faire des reproches, en ce qui concerne Catherine.

– Catherine était mon dernier recours, dit Hélie. Tu m'auras tout pris : la femme avec qui j'espérais finir mes jours ; la maison... L'attitude de Catherine confirme ce que j'ai toujours pensé des femmes : elles sont subjuguées par la réussite, le succès, l'argent. Incapables de résister à un homme qui a tout cela, fût-il laid ou sot.

– Je te remercie.

– Le pouvoir, c'est ce qu'elles aiment.

– Si c'est là ce que tu penses, tu ne peux pas être déçu.

– Je le suis. Par toi.

– Allons donc ! Tu n'avais guère d'illusions sur moi. Ne fais pas un drame d'une solution qui nous arrange l'un et l'autre. Que voulais-tu ? Rester aux Tilleuls où tu as tes habitudes, où tu as écrit tous tes livres ? Eh bien ! tu gardes tout cela. Cette maison est la tienne.

– C'était la maison de Maman, s'écria Hélie. Celle de notre famille !

– Elle l'est toujours, dit Horace. Avec cette différence que je serai seul à l'entretenir. Et Catherine sera là pour en prendre soin. Pardonne-moi si je te cause encore une déception : j'ai invité le préfet à dîner, ce soir. C'est une relation à cultiver.

– Pas pour moi, dit Hélie. J'irai dîner dehors : j'aurais trop peur de faire un éclat, qui pourrait te nuire.

– A ton aise, dit Horace.

V

– Tu ne nous as rien dit sur nos récentes acquisitions, dit Horace.

– J'aimerais avoir votre avis sur cette petite commode en acajou, que nous avons ramenée hier, dit Catherine. Elle est sans prétention, mais les incrustations d'écaille rouge sont, je crois, assez rares. Je la destinais à votre chambre. Peut-être faudra-t-il changer le marbre, qui est piqué. Mais je préférerais la garder dans son jus, avec son marbre d'époque.

– Et moi, dit Hélie, est-ce que vous me gardez aussi dans mon jus ?

– On te garde en témoignage d'une époque disparue, dit Horace. Une antiquité un peu défraîchie, mais qui a son charme. On va te mettre sous globe, comme une pendule.

– Une pendule qui retarde, dit Hélie.

– On vous remontera de temps en temps, dit Catherine.

– Commencez par me verser du whisky, dit Hélie, c'est ce qui me remonte le mieux.

– Tu bois trop, dit Horace.

– Ta sollicitude à mon égard me touche beaucoup, dit Hélie. Mais elle me fait trop souvent prendre conscience que je suis ton hôte. Et que je bois dans ton verre.

– Et mon whisky.

– Cette bouteille a été apportée par Hélie, dit Catherine. Le préfet en a bu une bonne rasade, l'autre jour.

– Je regrette d'avoir abreuvé un personnage officiel du régime, dit Hélie.

– C'est un de tes lecteurs, dit Horace. Il espérait te rencontrer. Il n'a pas tari d'éloges sur ton compte.

– Je n'aime pas plus les éloges que les critiques, dit Hélie. Les uns et les autres sont toujours faits à contretemps. Dis à ce haut fonctionnaire de les garder pour lui.

– Je n'aime pas le tour que prend cette conversation, dit Catherine. Hélie, vous êtes ici chez vous, Horace vous l'a dit une fois pour toutes.

– Alors, puisque je suis chez moi, dit Hélie, je vous conseille de déplacer les deux petites aquarelles romantiques et de les mettre de chaque côté de la cheminée, ici et là.

– Encore votre obsession de la symétrie.

– La symétrie est l'élément essentiel de toute décoration. Elle satisfait un besoin d'ordre et d'équilibre. Elle est à la fois harmonie, et gage de paix...

– Moi, dit Catherine, j'aime rompre la symétrie. Elle a quelque chose de rigoureux, de convenu, qui m'ennuie. J'aime l'imprévu, ce qui dérange, ce qui choque.

– Ce que j'aime dans la symétrie, dit Hélie, c'est, je crois, la répétition. Ce que j'aime dans une symphonie, un concerto de Mozart, c'est une mélodie sans cesse reprise sous des formes à peine différentes. Je ne jouis vraiment que de ce qui est double. Je ne pourrais pas acheter un seul fauteuil, comme celui que vous avez ramené l'autre jour, d'ailleurs laid : il me faudrait la paire. Avec son pareil, ce fauteuil serait acceptable. C'est la répétition d'un même vers, au début et à la fin d'une strophe, qui fait la beauté de certains poèmes de Baudelaire. Je vous le dis : il y a, dans la symétrie, quelque chose qui satisfait l'esprit.

– Vous et Horace êtes en effet assez symétriques, dit Catherine.

– C'est pourquoi vous avez besoin de la paire incomparable que nous formons.

– Quand nous serons morts, vous pourrez nous faire empailler et nous mettre dans l'entrée, de chaque côté de la porte, dit Horace.

– Ou faire réduire nos têtes, comme les Indiens Jivaro, dit Hélie. Vous nous mettrez de chaque côté de la pendule, en garniture de cheminée.

– Cessez de dire des horreurs, dit Catherine. Pour vous faire plaisir, Hélie, je vais accrocher les aquarelles, là où vous souhaitez qu'elles soient. Mais pourquoi n'aimez-vous pas mon fauteuil ? Que lui reprochez-vous ? A part d'être unique !

– D'avoir six pieds.

– Les deux pieds de devant sont insolites, c'est vrai. C'est ce qui fait la rareté du meuble. Ils supportent la ceinture du siège, très large, ce qui le rend plus confortable.

– Mais lourd, convenez-en. Ces pieds d'appoint ont l'air d'avoir été ajoutés après, comme pour réparer une erreur de fabrication.

– N'aimez-vous pas ces accoudoirs légèrement incurvés ? Ils ont de la grâce.

– Je n'aime pas les pieds torsadés, dit Hélie. D'ailleurs, je n'aime pas le bois doré.

– Tu aurais pu le dire tout de suite, dit Horace. Cela aurait évité cette discussion insipide.

– Horace, vous n'avez pas, comme Hélie, le goût des antiquités. Lui et moi, nous nous comprenons. Reconnaissez, Hélie, que les palmettes, en haut du dossier, sont ravissantes.

– Elles ne compensent pas la lourdeur du bas.

– Sans doute ce fauteuil n'a-t-il pas l'élégance des fauteuils Heppelwhite, qui sont dans votre salon à Paris.

– Si élégants, dit Horace, que l'on n'ose pas s'asseoir dedans, de peur qu'ils ne s'effondrent.

– Il faut traiter ses meubles avec douceur, dit Hélie. Ses invités aussi.

– Je pensais que vous aimeriez mon fauteuil Louis XV, dit Catherine d'un ton piqué.

– Démontez-le, ce fauteuil, s'écria Horace, d'un ton excédé. Mettez-le en pièces. Je reviendrai quand vous aurez terminé ce massacre. Je vous signale qu'il y a une hache dans le hangar.

– Horace n'a pas de goût, dit Catherine, quand celui-ci eut quitté la pièce. Je me demande, tout compte fait, si je n'ai pas commis une erreur. Toi et moi avons tant de choses en commun !

– Nous n'aurions rien eu en commun, dit Hélie, car je n'aurais pu faire tous ces achats. Horace dépense une fortune pour remeubler cette maison.

– C'est aussi pour toi que je m'y emploie, dit Catherine. Quand je fais un choix, je me pose toujours la question de savoir s'il te plaira.

– Je suis sensible à cette attention, dit Hélie. Mais j'ai perdu le goût des objets, je crois te l'avoir dit un jour. Même, j'éprouve contre eux une sorte de hargne. Ils offensent ma vue ; ils me narguent. Quand je rentre chez moi, à Paris, après un voyage, il m'arrive d'être surpris par leur présence, je m'attendais qu'ils aient disparu. Il y a en moi quelqu'un qui souhaiterait cette disparition. Le vide. La beauté du vide... Ce qui me choque dans les meubles et les objets que j'ai rassemblés – oh ! ils ne sont pas nombreux – c'est que ce soit ceux-là et pas d'autres. Tout ce que je vois ailleurs me plaît davantage. Voilà pourquoi votre entreprise me semble vaine, vouée à l'échec. Ce fauteuil en bois doré, il n'est pas mal, tout compte fait, mais pourquoi n'est-il pas en acajou ? Pourquoi choisir ceci plutôt que cela ? Puisqu'on ne peut *tout* avoir, autant ne rien avoir. J'ai dû renoncer à des tas de choses, parce que je n'avais pas les moyens de me les offrir. C'est peut-être pourquoi j'en suis venu à détester les objets.

– Pas au point de te débarrasser de ceux que tu possèdes.

– C'est parce que je ne suis pas logique avec moi-même. Et que je manque de fermeté d'âme.

– Alors, ce fauteuil ? dit Horace, réapparaissant.

– Hélie a peut-être raison, dit Catherine. Je crois que je vais demander à l'antiquaire de le reprendre. Cela se fait, entre confrères.

– Nous sommes désolés de te laisser seul, dit Catherine. Mais Horace doit absolument retourner au Canada pour ses affaires. Le Canada ne m'attire pas particulièrement, mais Horace m'assure que le pays est très beau à l'automne. Il veut me faire connaître les Laurentides au milieu de « l'été indien ».

– Bon voyage, dit Hélie. Découvrir de nouveaux pays ne m'attire pas. On ne peut en prendre qu'une connaissance superficielle et vaine. Rien ne me paraît plus dérisoire que ces gens arrivés au troisième âge, comme on dit, ayant des loisirs et qui les emploient à courir le monde.

– Ils pourraient plus mal les employer.

– Qu'attendent-ils ? Qu'espèrent-ils ? On s'emporte toujours en voyage. Des cieux nouveaux n'ont d'autre intérêt que de nous permettre de nous mieux connaître. Mais un homme qui a beaucoup vécu se connaît. Ou alors il a vécu pour rien...

– Je suis heureuse de te voir dans cet état d'esprit, dit Catherine. Nous aurons moins de regret à te laisser seul.

– Les voyages que j'aimerais faire, dit Hélie, sont ceux qui me conduiraient à des lieux que je connais déjà. Je ne cherche pas de sensations nouvelles, mais j'aimerais renouveler celles que j'ai éprouvées. Rafraîchir mes souvenirs. Découvrir, peut-être, un détail qui m'avait échappé...

– Eh bien! dit Horace entrant dans la pièce et s'adressant à Catherine, as-tu prévenu Hélie? Nous te laissons la garde de la maison. Prends-en soin. Ploche viendra avec son aide élaguer les tilleuls de l'allée. Il y a cinq ans que cela n'a pas été fait et les branches poussent dans tous les sens.

– Je ne trouve rien de plus triste que de voir couper des arbres, dit Hélie. Tu aurais pu m'épargner ce spectacle.

– Pour que la voûte que forment les branches reste fournie, il est indispensable d'étêter les arbres.

– Moi, je les aurais laissés s'épanouir et proliférer, dit Hélie. J'aime un peu de folie dans un jardin.

– Les arbres doivent être taillés, si l'on veut qu'ils restent vigoureux. Ces tilleuls l'ont toujours été du temps de Maman. Ils devaient l'être l'été où elle est morte. Ploche a profité de son absence pour ne pas venir.

– J'aurais attendu l'année prochaine pour émonder les arbres, dit Hélie. Mais ils sont à toi.

– Cela me rappelle des discussions entendues dans mon enfance, entre mes parents. Tu t'en souviens aussi, Hélie? Papa ne voulait pas que l'on touche aux arbres... Mais Ploche est formel : le moment est venu de le faire. Il fera aussi des semis pour le printemps. Et il mettra de la terre de bruyère : les rhododendrons en ont besoin; ils s'étiolent. Rappelle-toi : les rhododendrons étaient le grand souci de Maman.

– Si je comprends bien, dit Hélie, vous faites de moi votre jardinier en chef!

– Ploche a besoin d'être surveillé, dit Horace.

– A condition qu'il vienne! Bien, dit Hélie, je surveillerai Ploche. Faites-vous venir d'autres corps de métier, pendant votre absence?

– Je n'ai pas eu le temps de demander au peintre de lessiver la cuisine et faire des raccords aux portes du premier étage, dit Catherine. Si vous pouviez vous en occuper, Hélie, je vous en saurai gré.

– Il doit aussi repeindre le portail de l'entrée, dit Horace.

– Et il y a à revoir l'installation de chauffage, dit Catherine. Certains radiateurs fuient.

– Me voilà donc non seulement promu jardinier en chef, mais régisseur du domaine, intendant... bientôt maître d'hôtel! Tu ne t'étonneras pas, Horace, si je demande à tous ces corps de métier de me concéder une ristourne sur leurs devis. Cela se fait.

– Je vois que tu t'adaptes très bien à tes nouvelles fonctions, dit Horace. Ces visites meubleront ta solitude.

– Ambroisine, je prendrai le café sur la terrasse, dit Hélie. Il y a un joli rayon de soleil.

– Le soleil n'est plus très fort, en cette saison, dit Ambroisine. Prenez garde de ne pas attraper froid. Allez-vous rester encore longtemps aux Tilleuls? Plus de dix jours qu'Horace et Catherine Bourdonnec sont partis. Est-ce que vous ne vous ennuyez pas tout seul? Quand je pense à ce qu'était cette maison, autrefois, quand il y avait Madame et vos grands-parents. Il y avait des amis, des visiteurs de passage. Quel entrain! Presque chaque jour, on était dix ou douze à table. Dame, cela ne faisait pas toujours mon affaire! Mais j'étais jeune, alors. J'aimais bien tout ce mouvement.

– Et maintenant, je suis seul, dit Hélie.

– La vie est bizarre, dit Ambroisine. Moi je n'aurais pas cru, puisque vous étiez trois enfants, que cette maison resterait vide, quasiment.

– Mon frère et Catherine Bourdonnec vont revenir avant le début de l'hiver, dit Hélie. Leur voyage au Canada ne dure que trois semaines.

– Un voyage de noces, en somme, dit Ambroisine. Qui aurait dit que Catherine Bourdonnec deviendrait la maîtresse de cette maison !

– Elle s'en occupe bien, il faut en convenir, dit Hélie. Elle l'a très bien décorée et meublée.

– Dame, elle est de la partie !

– Il y avait pas mal d'horreurs qui dataient de mes grands-parents.

– J'aimais bien comme c'était avant, dit Ambroisine. Il y avait plus de fouillis, mais c'était moins... Enfin, c'était plus vivant... Vous devriez sortir, Monsieur Hélie. Ce n'est pas bon de rester enfermé toute la sainte journée dans votre bureau. Moi, je n'aime pas vous voir rester seul, comme cela ! Vous êtes là à broyer du noir... Et vous buvez trop.

Le bruit d'une voiture s'arrêtant, au bas de l'allée des tilleuls, fit taire les interlocuteurs.

– Tiens, dit Ambroisine, regardant au-dehors, c'est la bonne amie d'Hervé. Je croyais que celle-là était avec son mari, pour une fois, quelque part à l'étranger. On m'a dit où, mais j'ai oublié. On ne l'a pas vue de tout l'été.

– Hervé n'est pas là, si c'est lui que vous venez voir, cria Hélie à l'adresse de la nouvelle venue qui montait vers la terrasse.

– Je le sais, dit Frédérique Passavoine. Et j'ai su que vous étiez seul aux Tilleuls. J'ai eu envie de vous faire une visite. J'espère ne pas vous déranger.

– J'allais prendre une tasse de café, dit Hélie. En prendrez-vous ? Ambroisine, ajoute une tasse.

– Comme cette terrasse est belle, dit Frédérique. Les arbres ont déjà des teintes d'automne, que j'aime tant.

– On va les émonder, dit Hélie. J'attends Ploche, le jardinier, qui m'a promis de venir aujourd'hui... Le voici avec son aide. Vous allez voir la petite comédie qu'ils vont nous jouer. Elle nous a toujours beaucoup amusés.

– Je vais enfin y assister, dit Frédérique. Je l'ai ratée, jusqu'à présent.

– Bonjour, Monsieur Hélie, dit Ploche.

Tourné vers son aide, il ajouta :

– On est venu pour les tilleuls, hein! Émile. Aujourd'hui, on n'a pas le temps... C'est pour te montrer! Regarde ces arbres, Émile. Les plus beaux de la région, c'est ce que je dis toujours.

– Hron, dit l'aide qui se tenait à côté de Ploche, les mains pendantes au bout des bras, à hauteur des genoux.

– Et les hortensias, tu les as vus, Émile? Ils sont plus beaux que ceux de la Bergerie, hein?... Si M. Morin les voyait, il serait jaloux. Et les massifs de roses, ça, tu as vu cette nouvelle floraison? Ils sont superbes, dit Ploche agitant les bras, hochant la tête, montrant les signes de l'admiration et de la surprise. Ah! Émile, si Madame avait pu les voir. Elle qui aimait tant ses roses.

Émile fit entendre son grognement.

– Et les géraniums, tu as vu? dit Ploche. Bon, il y aura du travail à faire sur ces arbres, tu vois? On aurait dû les émonder, l'an dernier déjà. Tous les trois, quatre ans, il faut le faire... C'est pas tout ça. On a du travail. On va revenir dans la semaine, pas vrai, Émile? C'est ce qu'on a dit.

– Et chez ma mère? dit Frédérique Passavoine. Il y a beaucoup de choses à faire. Elle désespère de vous voir.

– On doit aller demain ou après-demain, hein? dit Ploche à son aide au lieu de répondre à Frédérique.

– Hron, hron! fit l'aide en secouant la tête.
– Voulez-vous une tasse de café? dit Hélie.
– On n'a pas le temps, hein Émile? dit Ploche. Merci quand même Monsieur Hélie. A bientôt! Tu vois, il y a beaucoup de branches à couper, dit-il tout en s'éloignant en compagnie du vieil ouvrier.
– Quel acteur, ce Ploche! s'écria Hélie, quand les deux hommes eurent disparu. C'est une petite comédie qu'ils ont parfaitement mise au point, son aide et lui. Je veux bien parier qu'il ne viendra pas cette semaine. Tant mieux: comme cela, je garderai mes tilleuls plus longtemps... Je dis « mes tilleuls » mais ils ne sont plus à moi. Vous le savez sans doute, Horace est maintenant le seul propriétaire. Cette maison, ce beau parc, je ne m'y sens plus très bien.
– Vous pouvez toujours en jouir, dit Frédérique.
– Plus de la même façon. Je n'oserais toucher à rien, changer un meuble de place, tout ce que l'on fait chez soi. Je le sens : il va falloir que je m'en aille, que je trouve une autre maison.
– J'ai du mal à comprendre ce besoin de propriété, dit Frédérique. Surtout de la part d'un homme comme vous.
– Un homme comme moi a besoin de se sentir chez soi.
– Je croyais qu'un intellectuel, un écrivain ne s'occupait pas des contingences; qu'il lui était égal de vivre ici ou là, pourvu qu'il eût la paix, ses livres, une table...
– Une rame de papier...
– Le décor importe peu.
– « Rien de noble n'a été pensé en dehors d'un fauteuil », dit Hélie avec un ricanement.
– Je n'aime pas du tout cette phrase, s'écria Frédérique. Et je la crois fausse.
– Elle n'est pas de moi, dit Hélie. Mais il est vrai qu'un écrivain a besoin d'un cadre harmonieux.

– Vous l'avez.

– Il n'est pas le mien. Et vous, Frédérique, dans quel cadre avez-vous vécu ces derniers temps? Toujours la pampa?

– Il y a un an que nous avons quitté la pampa, dit Frédérique. Mon mari a été nommé dans le Proche-Orient. Nous avons échangé un désert contre un autre. Le premier était vert, celui-ci est jaune. Les femmes de l'émir portent un masque de cuir sur le visage et s'emmitouflent dans des voiles noirs.

– C'est heureux que vous ne suiviez pas la mode du pays, dit Hélie.

– Elles ont aussi des bijoux qui font envie, dit Frédérique. L'ambassadeur ne s'est pas encore constitué un harem, mais je crois qu'il y songe. Je l'ai abandonné pour lui laisser le champ libre. Et puis, je ne peux pas laisser Maman trop longtemps seule dans notre grande maison. Je vais rester quelques jours auprès d'elle. Mais j'ai peur de m'ennuyer. Si vous m'y autorisez je viendrai vous faire des visites, de temps en temps.

– Je crains de ne pas être un compagnon très distrayant.

– Je suis seule à pouvoir en juger, dit Frédérique. J'ai décidé de faire votre conquête.

– Elle est déjà faite, dit Hélie.

– Je devine encore des hésitations de votre part. Des réticences... Laissez-vous un peu aller! Amenez-moi dîner dans un nouveau restaurant que l'on m'a indiqué en ville, le Relais de quelque chose. Des hussards, ou des dragons... On m'assure qu'il est excellent. Demain soir, est-ce que cela vous convient?

– Que dirait mon neveu, s'il l'apprenait?

– Mais... il vous approuverait! Qu'y a-t-il de répréhensible à ce que nous dînions ensemble? Que craignez-vous?

– L'occasion, l'herbe tendre...

– Je viendrai vous chercher avec ma voiture vers sept heures, sept heures et demie. Dites oui... Et ne changez pas d'avis. A demain.

Le lendemain, à sept heures, Ambroisine entra dans le bureau d'Hélie.

– Il y avait ce mot de billet dans la boîte aux lettres, dit Ambroisine. Je l'ai trouvé en revenant de faire mes courses.

– Tout compte fait, je dînerai ici ce soir, Ambroisine, dit Hélie après avoir décacheté l'enveloppe et lu le billet qu'elle contenait.

« *Excusez-moi pour ce soir*, disait la lettre. *Maman est un peu souffrante. Je n'ai pas le courage de la laisser seule. Ce n'est que partie remise. Je passerai vous voir dans la soirée. Pardonnez ce contretemps. Je vous embrasse.* »

– Je peux entrer ? dit Frédérique Passavoine, apparaissant à la porte vitrée du cabinet de travail d'Hélie. J'ai eu beaucoup de mal à me diriger à travers le parc. La nuit est sombre et, dans l'allée des tilleuls, il fait noir comme dans un four.

– Je ne vous attendais pas ce soir, dit Hélie, se levant de son fauteuil. Quelle heure est-il ? Onze heures ? J'allais me coucher.

– Je vous ai dit que je passerai vous voir dans la soirée, dit Frédérique ; je voulais me faire pardonner le rendez-vous manqué. Je vous dérange ?

– Je n'ai pas l'habitude de recevoir des jeunes femmes à une heure aussi tardive.

– Est-ce l'heure qui vous choque ? Ou bien la visite elle-même ?

– Les deux.
– Vous n'avez pas l'air enchanté de me voir, alors que j'ai bravé les fantômes de la nuit pour venir jusqu'à vous. Comme vous êtes élégant! Vous ne portiez pas ce costume, hier. Il a beaucoup de chic.
– Je pensais sortir avec une jeune femme qui s'est décommandée. Le contrordre est arrivé alors que je m'étais changé.
– Mais ne vous a-t-elle pas prévenu à temps qu'elle avait un empêchement? Elle est désolée.
– C'est seulement pour lui expliquer pourquoi je suis sous les armes.
– Je vois une bouteille de whisky sur votre bureau. Vous pourriez m'en offrir un verre... Vous prenez des barbituriques? dit Frédérique comme Hélie cherchait un verre dans un placard. Le tube est plein, dit-elle. J'espère que vous n'allez pas absorber tout cela. C'est impressionnant, on dirait une mise en scène.
– Qu'est-ce qui vous prend! s'écria Hélie. Rendez-moi ce tube. Votre sans-gêne est parfois amusant. Il est souvent insupportable.
– De vous voir ainsi seul, la nuit, au milieu des bois, habillé comme pour une réception, un tube de barbituriques à portée de la main, cela fait un tableau assez romantique, dit Frédérique.
– Je ne sais pas ce que vous allez imaginer, dit Hélie. Mais n'ayez pas d'inquiétude à mon sujet.
– C'est le besoin inlassable de dévouement que j'éprouve à l'égard des êtres. Il me joue des tours et me rend parfois indiscrète. On ne s'occupe pas assez de vous.
– Je n'ai besoin de personne.
– Je me charge de vous prouver le contraire.
– Il est tard et je suis fatigué. Le comprimé que j'ai pris,

et je n'en ai pris qu'un, juste avant que vous arriviez, commence à faire son effet. Si j'allais m'endormir en votre présence ?

– Ma foi ! Je serais curieuse de voir votre visage dans le sommeil.

– Ce sera pour une autre fois.

– « ... *De quels corridors... De quels corridors...* » Comment sont ces vers, si beaux ? Vous les connaissez sûrement. « *De quels corridors... ouvres-tu la porte, lorsque tu t'endors* » ? Ils sont de Cocteau. Voici, je me les rappelle : « *Espèce de morte, de quels corridors...* »

– Vous voyez, dit Hélie : les vers ne me conviennent pas. C'est à une femme que le poète s'adresse.

– Ce n'est pas sûr, dit Frédérique.

– Je vous mets à la porte, dit Hélie. Nous irons demain dîner au Relais des hussards. Ou des dragons, si toutefois vous ne vous décommandez pas.

– Vous pourriez au moins me raccompagner jusqu'au portail, dit Frédérique. Votre parc est si sombre... ! Donnez-moi la main. Je ne vois rien, sous ces arbres ; je vais me tordre les pieds...

– Voilà le portail, dit Hélie. J'espère que vous pourrez rentrer seule chez vous ?

– Pardonnez cette intrusion, dit Frédérique. Je crois que vous n'aimez pas ce genre de surprises. Je ne vous en ferai plus... A présent, je vais pouvoir me guider toute seule ; les massifs d'hortensias forment des masses claires dans la nuit : je n'ai qu'à les longer. Bonsoir, dit-elle et, se serrant contre Hélie, elle l'embrassa au coin des lèvres.

– Bonsoir, dit Hélie, avec un mouvement de recul.

Comme il remontait lentement l'allée des tilleuls, des larmes jaillirent de ses yeux.

– Ambroisine, je m'en vais, dit Hélie le lendemain matin. Je pars pour quelques jours. Tu peux aller voir ta sœur, comme tu en avais l'intention. Ploche va venir pendant mon absence couper les arbres. J'aime autant ne pas assister au massacre. Ferme bien la maison, avant de partir.
– C'est Frédérique Passavoine qui va être déçue, dit Ambroisine. Qu'est-ce que je vais lui dire ?
– Rien. Je n'ai pas de compte à lui rendre. Dis-lui que j'ai été appelé à Paris. Je rentrerai dans une dizaine de jours. Mais ne reviens pas pour moi, Ambroisine.
– Je reviendrai, pour sûr. Vous passerez le mois d'octobre ici, comme d'habitude ? Je ne peux pas vous laisser seul.

Quand Hélie arriva devant la propriété, dix jours plus tard, il vit que le portail était ouvert. Frédérique Passavoine descendait l'allée des tilleuls.
– Dieu, quel saccage, s'écria Hélie. Regardez ces moignons chauves. On dirait des membres coupés ; des salsifis grattés au couteau. Quelle horreur ! Je ne m'en consolerai pas. Et il y en a pour des années, avant que les arbres aient retrouvé leurs formes. Ploche est un vandale. Je lui avais dit de ne pas trop couper. Il a été impitoyable.
– Bonjour, dit Frédérique. J'étais venue voir si vous étiez rentré. Vous êtes parti l'autre jour, sans me prévenir. J'ai eu l'impression que vous me fuyiez !...
– La seule victoire que je pouvais remporter, reconnaissez-le. Regardez, s'écria Hélie renversant la tête, la voûte qui était si belle, si fournie, n'existe plus. On voit le ciel... Avez-vous rien vu de plus lugubre que ces rangées de troncs noirs. Une parade funèbre.

– J'ai eu une curieuse impression en arrivant devant la maison, dit Frédérique. Vous allez voir... Les portes sont ouvertes.

– Ambroisine est sans doute revenue.

– J'ai appelé, dit Frédérique. Personne ne répond. Je n'ai pas osé entrer.

– Plus jamais, je ne verrai ces arbres comme ils étaient, dit Hélie. Quel symbole ! C'est la fin d'une époque. J'avais un pressentiment en arrivant. Vous dites que la maison est ouverte ? Qu'est-ce qui a bien pu se passer ?

– Vous craignez toujours quelque chose, n'est-ce pas ? dit Frédérique. Vous êtes toujours sur le qui-vive.

– L'ennemi s'engouffre par la moindre brèche. Il faut veiller aux remparts, renforcer les défenses.

– Quelle vie épuisante !

– C'est celle qu'il faut mener, si l'on veut éviter l'invasion. On peut faire des sorties, de temps en temps.

– Je viens de nouveau vous assiéger.

– J'ai de bonnes défenses... J'ai l'impression que nous avons eu de la visite, dit Hélie en débouchant sur la cour. Les portes et les fenêtres sont ouvertes... Ambroisine ! cria-t-il en approchant sans obtenir de réponse. Oh ! dit-il sur le seuil de la porte-fenêtre ouvrant sur le salon, venez voir !

Et, tourné vers Frédérique, qui gravissait les trois marches de pierre du perron, il ajouta :

– Façon de parler, car il n'y a rien à voir.

– Oh ! s'écria Frédérique à son tour. Mais... il n'y a plus rien ! Quelle horreur ! La maison a été cambriolée.

– Ça ! s'écria Hélie en éclatant de rire. Avouez qu'elle est bonne ! Oui, elle est bien bonne !

– Ils ont tout emporté ! s'écria Frédérique.

– Avouez-le, c'est trop drôle, dit Hélie. Dévalisée une première fois par ses propriétaires, la maison est vidée une deuxième fois par des inconnus. Quand Horace et Catherine vont voir cela, en rentrant de voyage. Eux qui avaient mis tant de soin dans leurs achats. Et tant d'argent. Quelle dérision !

– On dirait que cela vous fait plaisir.

– Non, mais je ne peux m'empêcher de goûter l'ironie de ce pillage. C'est comme un autre camouflet infligé à cette maison. A la famille, par le fait. Elle en a déjà reçu plusieurs. Une famille, c'est une maison. Sans maison, pas de famille... Où ses membres se retrouveraient-ils ? Pendant un siècle, tout, ici, a été immuable. Quatre générations se sont succédé dans le même décor, elles se sont assises dans les mêmes fauteuils, ont dormi dans les mêmes lits. Et en moins de cinq ans, tout a été dispersé, détruit : les enfants, le mobilier... Vous ne voyez pas l'ironie de tout cela ? Il est évident que cette maison ne veut plus de nous; elle ne veut plus se laisser apprivoiser... Elle nous rejette. Je pense qu'Horace comprendra comme moi cette aventure et qu'il ne cherchera pas à remettre les choses en état. Il n'y a plus qu'à s'en aller. La maison a perdu toutes ses branches et ses feuilles, comme les tilleuls de l'allée. Nous n'avons pas même réussi à sauver les meubles. Non, Frédérique, cela ne me fait pas plaisir. Cela, au contraire, me cause une peine infinie.

– Allons voir les autres pièces, dit Frédérique, ouvrant des portes. Ici aussi, tout a été enlevé, dit-elle, s'arrêtant sur le seuil. Il n'y a plus que deux chaises de paille, dans la cuisine.

– Je parie que les chambres ont été pillées de la même façon, dit Hélie, la main sur la rampe de l'escalier. Regardez : même les gravures de l'entrée et le long de l'escalier ont été enlevées.

– Il faut prévenir la police, dit Frédérique après avoir parcouru les pièces avec Hélie, dans un silence consterné. On retrouvera les voleurs et ce qu'ils ont emporté.

– On ne les retrouvera pas, s'écria Hélie. On ne retrouvera rien, on ne retrouve jamais rien, vous le savez très bien. Il y a une grande circulation des objets et cela est sans doute nécessaire. De temps en temps, tous les deux ou trois siècles, il y a ainsi un grand nettoyage dans une société, une vaste braderie. Après la vente des biens nationaux, croyez-vous que les aristocrates dont les richesses avaient été vendues, dispersées, aient retrouvé les meubles et les objets accumulés dans leurs châteaux ? Quelques-uns d'entre eux, peut-être... La plupart ont été perdus, ils ont échoué dans les salons des bourgeois, des métayers devenus bourgeois, des paysans enrichis. Et cela a été irrévocable. Savez-vous ce que je crois ? C'est que les vols qui se multiplient à notre époque un peu partout, toutes ces villas, pardon, ces « résidences secondaires », horrible expression, pillées deux fois, trois fois – on m'a parlé d'une maison qui a subi douze cambriolages – tous ces vols, je crois qu'ils tiennent la place de la vente des biens nationaux. Il n'y a plus de révolution, il faut bien qu'une ventilation s'opère dans une société sclérosée comme la nôtre, il faut de l'air, bon dieu ! Il faut que les choses circulent, qu'elles voient du pays ! Je vais prévenir la police, bien sûr, mais je suis certain que ce sera en pure perte. Et, au fond, je trouve que c'est bien.

– Vous prenez la chose avec philosophie, dit Frédérique. Et si, en rentrant à Paris, vous trouviez votre appartement cambriolé, est-ce que vous montreriez le même détachement ?

– Ah ! non, s'écria Hélie. Je tiens à mes affaires.

– Vous manquez de logique.

– Absolument. J'ai passé ma vie dans l'illogisme le plus complet.

– Et votre bureau ? Croyez-vous qu'ils ont pris vos livres, vos papiers ? Allons y voir.

– Il n'y avait pas grand-chose à prendre. Quelques Pléiade... On va voir si on a eu affaire à des voleurs lettrés. Tenez, dit Hélie en traversant la cour, voyez les traces de pneus. Ils sont venus avec un camion, comme des déménageurs. Des jeunes mariés qui avaient besoin de monter leur ménage.

– Et qui vont fourguer les belles choses aux antiquaires. Ou alors, de jeunes mariés antiquaires qui viennent d'ouvrir leur magasin.

– Les antiquaires ne sont pas des receleurs. Et ils savent reconnaître le vrai du faux. Et si un meuble a été trafiqué. Je n'ai rien dit à mon frère, mais je crois qu'il y avait pas mal de meubles trafiqués dans ce qu'il a acheté dans la région. Catherine Bourdonnec devait avoir une commission.

– Mais alors, dit Frédérique, c'est désastreux et, en même temps, ce n'est pas très grave.

– C'est cela, dit Hélie. C'est désastreux et ce n'est pas très grave. Tout a l'air intact, dit-il en pénétrant dans son bureau. Ah! si... Ils ont pris les Pléiade. Sauf une. C'est étrange : ils ont laissé la Bible. Ce sont donc des mécréants... Tiens, il y a une enveloppe cachetée glissée dans le volume. Mais, c'est... C'est le testament de ma mère que ma sœur Hélène a cherché pendant si longtemps! Pourquoi l'avoir caché, ici, dans ma bibliothèque? Voyons ce qu'il dit.

Hélie déploya la lettre pliée en quatre.

– Ça alors! s'écria-t-il. « Je lègue mon émeraude à Édith, mon diamant à Florence et le Boudin qui est dans ma chambre à ma fille Hélène. » Pauvre maman, elle faisait le contraire de ce qu'elle avait promis... Je crois qu'elle avait un peu perdu la mémoire! De toute façon, c'est trop tard : c'est Héloïse qui a l'émeraude, Hervé le Boudin.

– Et le diamant?

– Sophie, ma belle-sœur. Elle a dû le vendre. Voyons s'il

n'y a pas d'autres disparitions. Ah! si. Les romans anglais que lisait mon père, eux aussi, ont été volés! Donc ce sont des voleurs mécréants, qui savent l'anglais.

– Bravo, dit Frédérique. Vous feriez un bon détective.

– Élémentaire, mon cher Watson.

– La physionomie des cambrioleurs se précise. De jeunes antiquaires mariés, qui savent l'anglais et possèdent un camion.

– Ils ont pu le louer. Ce sont peut-être des Anglais?

– Les Anglais lisent la Bible! Ainsi, l'histoire de votre maison va finir en roman policier, dit Frédérique.

– Si elle avait débuté de la même façon, elle aurait convenu à la « Série Noire ». Mais il aurait fallu un meurtre...! Un cadavre dans les tilleuls : quel titre! Le tilleul qui tue... Il reste du whisky. Buvons un verre, pour rester dans l'ambiance. Nous en avons besoin, après ces émotions.

– A-t-on touché à vos papiers? dit Frédérique. Vous ne vous en êtes pas assuré?

– Quels papiers?

– Eh bien! vos manuscrits, un ouvrage en cours...? Des carnets, un journal, que sais-je?

– Je n'ai pas d'ouvrage en cours. J'aurais aimé écrire un roman où les paroles que prononcent les personnages soient comme dans des bulles. Vous savez : des bulles qui leur sortent de la bouche. Comme dans les bandes dessinées. Une B.D., voilà! Mais non! Pourquoi écrire, quand on sait que toute œuvre est promise à une destruction prochaine. Vous ne pensez tout de même pas que ce monde va continuer longtemps, avec ses académies, ses prix littéraires et ses best-sellers...? Nous sommes à la fin de ce monde-là, cela me paraît évident. C'est la fin. La fin des haricots... Il faut être inconscient, ou fou, pour écrire des romans et les publier...

– Il y a beaucoup d'inconscients et de fous, dans ce cas.

– Bien sûr. De même qu'il y a des inconscients pour remeubler les maisons cambriolées. Celle-ci le sera encore, selon toute vraisemblance. Les hommes sont comme des animaux qui refont toujours la même chose, quel que soit le démenti que leur inflige la vie. Ils refont la termitière, inlassablement. Moi, j'ai quitté la termitière. Je ne joue plus.

– Mais vous avez toujours besoin d'un toit. Et d'un lit. Je vous offre l'hospitalité. Maman est partie, il y a deux jours, faire sa cure. Je suis seule.

– Est-il bien convenable que j'aille passer la nuit chez une jeune femme seule ?

– Ah ! s'écria Frédérique en éclatant de rire, ces scrupules vous honorent ! Mais ils ne sont plus de saison ! Je vais m'efforcer de vous faire passer une soirée agréable. Ce que je n'ai pas pu obtenir de vous, jusqu'à présent, les cambrioleurs vous contraignent à l'accepter.

– C'est peut-être vous qui les avez soudoyés ?

– Never underestimate the power of a woman !

– Eh bien ! on s'en va, dit Hélie, marchant à grands pas dans l'allée des tilleuls. On liquide et on s'en va. Je ne me retournerai pas. Guidez-moi, je ferme les yeux. Je suis aveugle... ! Prenez le volant. Je ne veux plus rien voir. Ni les arbres, ni la maison... Une maison qui n'était même pas très belle, mon neveu avait raison. Mais c'était la nôtre ! Il va falloir l'oublier, maintenant.

– Je vous y aiderai, dit Frédérique.

Ah ! que le temps vienne
Où les cœurs s'éprennent...

Œuvres de Michel Mohrt (suite)

BENJAMIN OU LETTRES SUR L'INCONSTANCE (NRF, 1989)

L'AIR DU TEMPS (Éditions du Rocher, 1991)

Théâtre

UN JEU D'ENFER (NRF, 1970)

MONSIEUR L'AMBASSADEUR (NRF, 1992)

Récits

LA MAISON DU PÈRE (NRF, 1979)

VERS L'OUEST (Olivier Orban, 1988)

Traductions

LE CAVALIER DE LA NUIT, par R. Penn Warren (Stock)

LA MARCHE DE NUIT, par William Styron (NRF)

Composé et achevé d'imprimer
par la Société Nouvelle Firmin-Didot
à Mesnil-sur-l'Estrée, le 19 octobre 1992.
Dépôt légal : octobre 1992.
Numéro d'imprimeur : 21335.
ISBN 2-07-072795-5/Imprimé en France.

56385

À QUI S'ADRESSE CE GUIDE ?

QUELLES SONT LES DIFFÉRENTES RACES DE CHEVAUX ?

QUELLE EST L'ANATOMIE DU CHEVAL ?

COMMENT COMMUNIQUE UN CHEVAL ?

COMBIEN DE TEMPS VIT UN CHEVAL ?

À QUOI SERT UN CHEVAL ?

QUI FURENT LES PREMIERS CAVALIERS ?

OÙ ACHETER UN CHEVAL ?

QUEL TYPE DE CHEVAL CHOISIR ?

VAUT-IL MIEUX AVOIR UN CHEVAL DRESSÉ OU UN CHEVAL SAUVAGE ?

VAUT-IL MIEUX CHOISIR UN ÂNE OU UN CHEVAL ?

QUEL GENRE DE CHEVAL AVEZ-VOUS ?

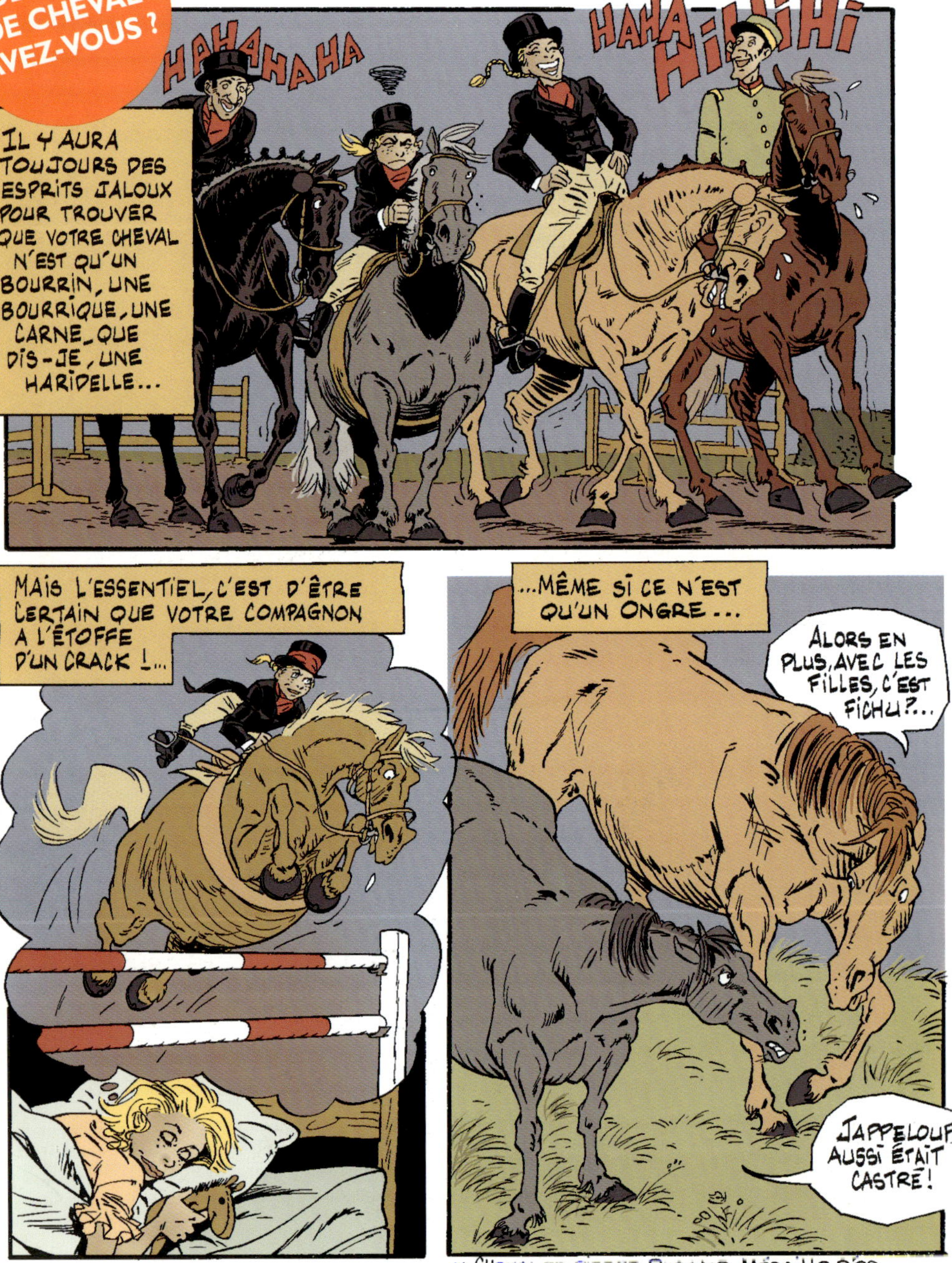

* CHEVAL DE PIERRE DURAND, MÉDAILLE D'OR À SÉOUL EN 1988 -

QUEL ÉQUIPEMENT CHOISIR POUR VOTRE CHEVAL ?

OÙ LOGER VOTRE CHEVAL ?

COMMENT NOURRIR VOTRE CHEVAL ?

* E.P.O. : DOPANT CONNU DANS LE CYCLISME.

FAUT-IL EMMENER VOTRE CHEVAL CHEZ LE VÉTÉRINAIRE ?

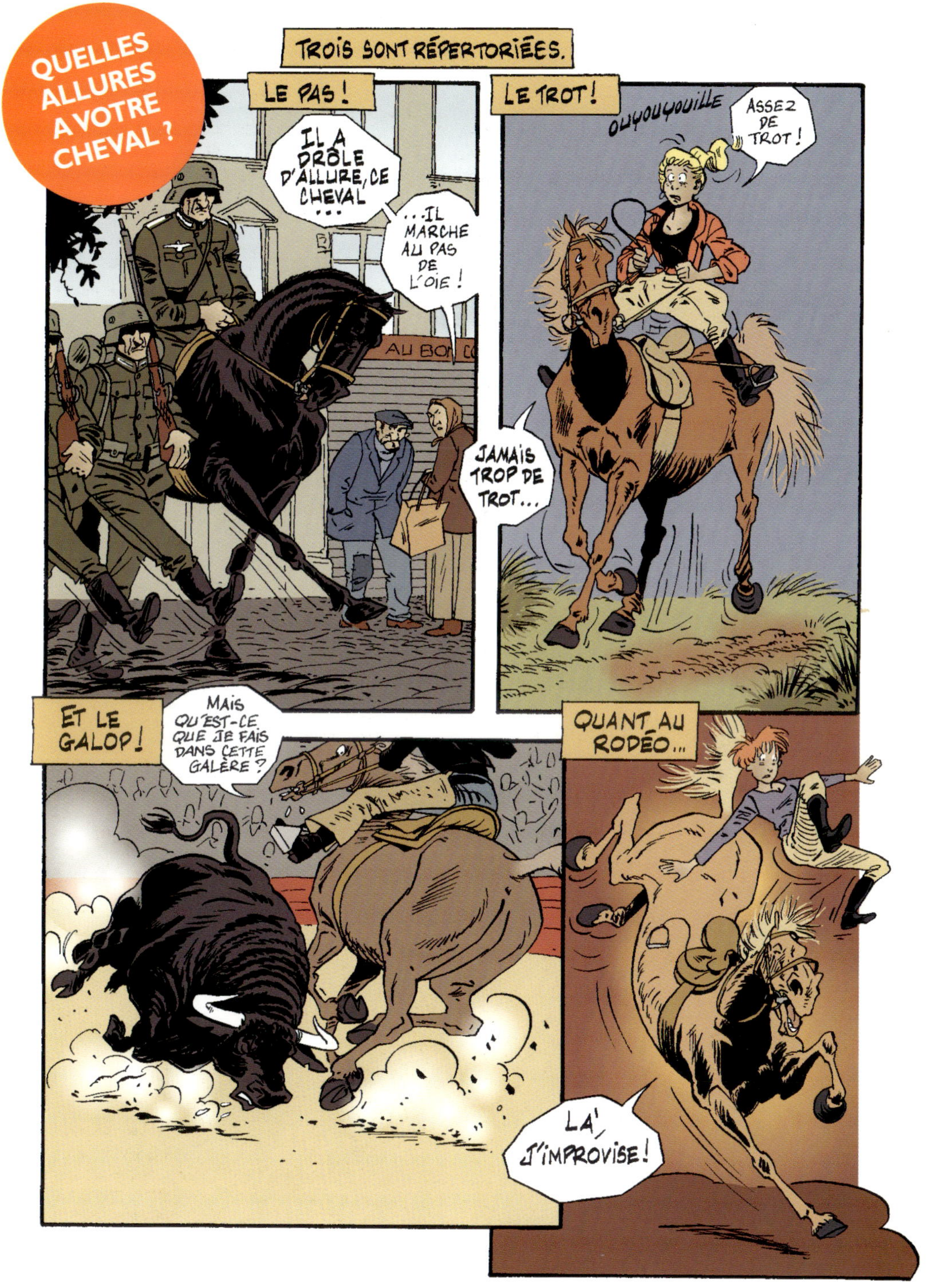
QUELLES ALLURES A VOTRE CHEVAL ?
TROIS SONT RÉPERTORIÉES.
LE PAS !
IL A DRÔLE D'ALLURE, CE CHEVAL ...
...IL MARCHE AU PAS DE L'OIE !
AU BON
LE TROT !
OUYOUYOUILLE
ASSEZ DE TROT !
JAMAIS TROP DE TROT...
ET LE GALOP !
MAIS QU'EST-CE QUE JE FAIS DANS CETTE GALÈRE ?
QUANT AU RODÉO...
LÀ, J'IMPROVISE !

QUELLE EST LA MEILLEURE FAÇON DE MONTER ?

QUELS SPORTS PEUT-ON PRATIQUER AVEC UN CHEVAL ?

LE CHEVAL EST-IL LA PLUS NOBLE CONQUÊTE DE L'HOMME ?

PEUT-ON MANGER DU CHEVAL ?

EST-IL POSSIBLE DE NE PAS AIMER LES CHEVAUX ?
NON, IL EST ABSOLUMENT IMPOSSIBLE DE NE PAS AIMER LES CHEVAUX ! MAIS CHACUN PEUT LES APPRÉCIER À SA MANIÈRE.
ON PEUT AIMER LES REGARDER...
JE DÉTESTE LA CONCURRENCE !
ET VOICI NOS PLUS BEAUX ÉTALONS !
JE DÉTESTE LA CONCURRENCE !
...AIMER LES MONTER...
QUAND T'AURAS FINI DE LE MONTER, JE POURRAI LE DESCENDRE ? ...
OUF OUF
SOMMET
CLIC
...OU AIMER LES MANGER...
CUIT À LA POÊLE AVEC DES PETITS OIGNONS !
CENSURÉ

PEUT-ON MONTER SUR SES GRANDS CHEVAUX SANS MONTER À CHEVAL ?
DE NOS JOURS C'EST POSSIBLE ! (MAIS PAS OBLIGATOIRE...)
J'EN AI MARRE ! SI TOI TU ES À CHEVAL SUR TES PRINCIPES, MOI, JE M'ASSOIS DESSUS !
ENFIN, ANNE-CHARLOTTE, CALMEZ-VOUS !
AU MOYEN ÂGE, C'ÉTAIT IMPENSABLE ! CAR CELA SIGNIFIAIT QUE LE SEIGNEUR QUITTAIT SON CHEVAL DE PARADE POUR ENFOURCHER SON CHEVAL DE COMBAT.
FINIE LA RIGOLADE. PASSONS AUX CHOSES SÉRIEUSES ...
MONSEIGNEUR, PUIS-JE VOUS METTRE LE PIED À L'ÉTRIER ?
ÇA VA, MON MIGNON
CE QUI NE L'EMPÊCHAIT PAS, S'IL VOULAIT ALLER LOIN, DE MÉNAGER SA MONTURE...
NOUS AVONS ÉTÉ OBLIGÉS DE FUIR À BRIDE ABATTUE ...
JE DIRAIS MÊME PLUS, AU TRIPLE GALOP...
HÉLAS ! LES VICTOIRES NE SE TROUVENT PAS SOUS LE PAS D'UN CHEVAL ...

UN CHEVAL VOUS BOTTE, QUE FAIRE ?

PEUT-ON EMMENER SON CHEVAL EN VACANCES ?

SUR QUEL CHEVAL PARIER DANS LA CINQUIÈME ?
L'AVIS DU PROPRIÉTAIRE :
BENINO, BIEN SÛR !
VU LE POGNON QU'IL M'A COÛTÉ, S'IL NE GAGNE PAS CETTE FOIS... C'EST LA BOUCHERIE !
L'AVIS DE L'ENTRAÎNEUR :
AZOR, ÉVIDEMMENT !
AVEC LE TEMPS QUE JE LUI AI CONSACRÉ...
EN PLUS CETTE NUIT IL A PLU, ET LE TERRAIN LOURD LUI VA BIEN...
L'AVIS DU JOCKEY :
POLLUX!
LES PRÉCÉDENTES COURSES ONT ÉTÉ DÉCEVANTES, MAIS IL A UN BON POTENTIEL ! IL VA GAGNER !
L'AVIS DES CHEVAUX :
TROU PO PI PO C'EST À TON TOUR DE GA-GNER AU JOUR-D'HUI

LE MUSÉE DU CHEVAL

PEUT-ON COLLECTIONNER LES CHEVAUX ?

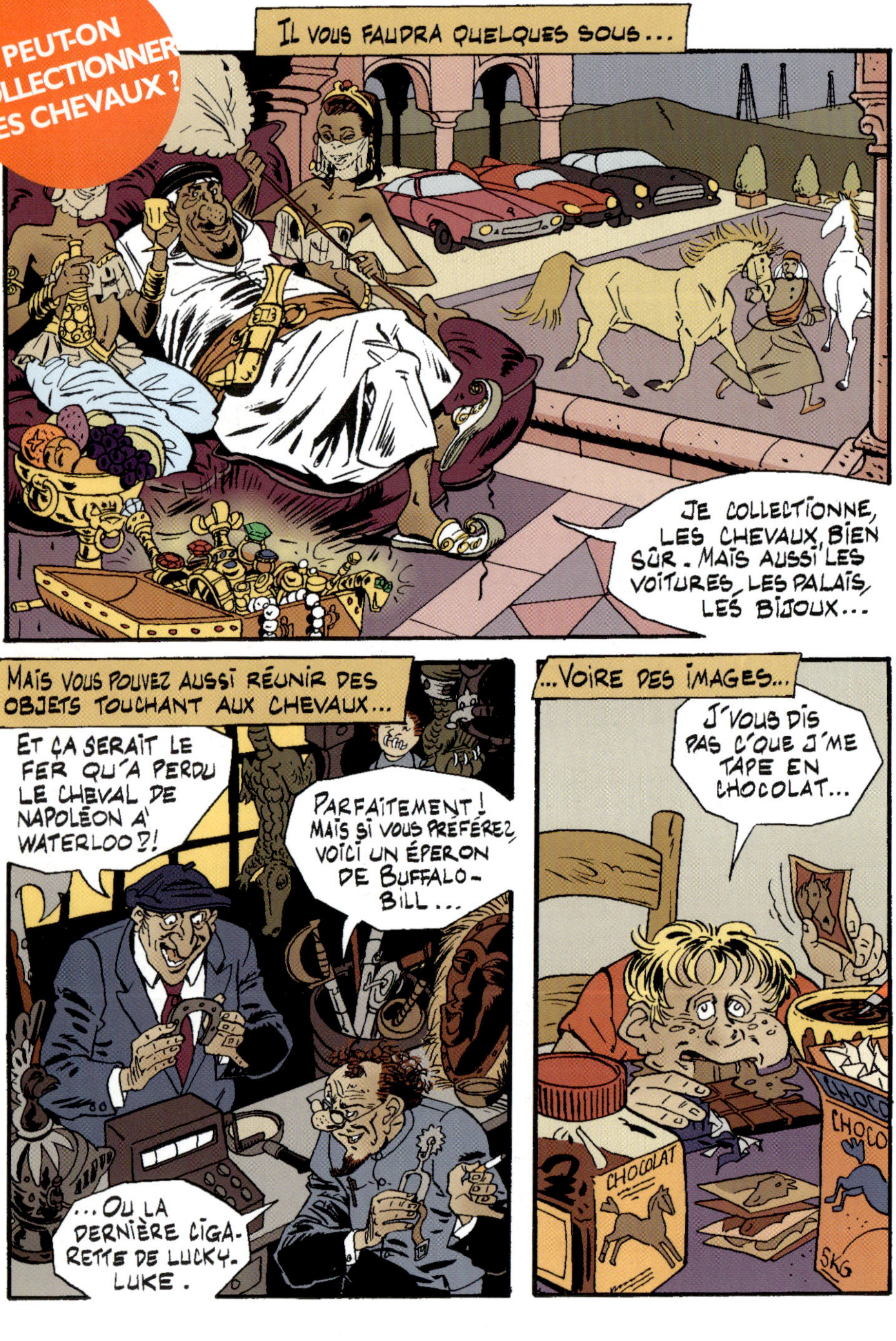

QUELQUES CHEVAUX CÉLÈBRES